経営に
インフルエンスを与える
法務になろう

木村　孝行 著

Takayuki KIMURA

商事法務

まえがき

日々の法務業務を通じて、「どうも、会社における法務部のプレゼンスが低い」、「経営陣や事業部からの信頼を築けていないのでは？」、「契約書チェックの毎日にうんざり」……と感じることはないでしょうか？

法務部門の日々の努力にもかかわらず、それが企業価値向上につながっているのかどうか経営陣等に理解されないことは多く、ひどい場合、「経営の邪魔をしている」と揶揄されるケースもあります。

通常、法務部門が経営や事業の意思決定を行うことはないので、法務部門がいくら立派なアドバイスを行ったとしても、意思決定に反映されなければ意味はありません。法務部門のアドバイスについて、経営陣に理解してもらい、意思決定に反映されるような信頼を獲得する必要があります。つまり**「経営にインフルエンスを与える法務」になることがとても重要**です。そのためには、黙々と法務業務を行うだけでは足りず、さまざまな工夫が必要となってきます。

書店で本書を手に取っている、もしくは実際に買って読んでおられるということは、おそらく法務担当者として、もしくは法務マネージャーとして「このままではいけない」という問題意識を持っていることと推測します。残念ながら何ら問題意識を持たずに粛々と法務業務をこなす人が多いなか、問題意識を持っていること自体が素晴らしいことです。登山に喩えると五合目まで来ているといってもよく、残り半分をどうやって攻略するのか、本書からヒントをつかみ取っていただきたいと思っています。

本書の特徴として、私が信頼する弁護士30名と法務マネージャー30名に、「法務担当者として持つべき重要な要素」と「法務担当者がやってはいけないこと」は何かというアンケートを行い、その回答を巻末に別紙としてつけています（本書の本文内でも適宜引用しています）。アンケート回答を読むだけでも、五合目から残りの先を登るヒントがたくさん見つけられると思います。

「経営にインフルエンスを与える法務」という言葉は、ソニーの創業者の一人である盛田昭夫氏によるものです。この言葉に出会う前、私は法務担当者としての在り方について、非常に悩んでいた時期がありました。専門性だけを高めて業務をしていればいいのか、もっと他に大事なことがあるのではないかと疑問を感じていました。そんな中、図書館で法律関連の雑誌を読んでいたとき、この言葉が目に飛び込んできました。それは「法務は経営の足を引っ張ってはいけないが、経営にインフルエンスをもたなければならない」というものでした（盛田昭夫「経営者のみた法務戦略」ジュリスト857号（1986年）37頁）。読んだ瞬間、雷に打たれたような衝撃を受け、私はその後、常にこうありたいと思い仕事をしてきました。実際に経営にインフルエンスを与えることができたかどうか正直なところ今でも自信はありませんが、少なくともこれを目指そうとずっとやってきました。

本書では、法務担当者として、および法務部門として（つまり組織として）、どのように経営にインフルエンスを与えていくのかを説明していきます。私は法務以外の部門（経営企画、広報、IR等）の経験も長く、客観的に法務部門の良いところ、悪いところも見えたことから、本書ではこのような視点も加味しています。また、いわゆる昭和的な内容も盛り込んでおり、「暑苦しい」内容も多いです。ただ、今の時代ひいてはこの先の時代でも通用するものと強く信じています。とりわけ、**ChatGPTのような生成AIを当たり前に使いこなすようになる時代が迫っている中、本書に書かれていることを実践すれば、間違いなくその法務担当者は生き残っていくことができます**。それどころか、よりいっそう輝きを増すことになると信じています。

なお、本書の内容は筆者の個人的な見解や経験に基づいたものであり、所属する会社の見解や意見を代表するものではありません。要するに私自身が経験したこと、感じたことが本書の内容を構成していますが、なかには私自身が「必ずしも実践できていないこと」もたくさん含まれています。自分のことを棚に上げるだけでなく、「上から目線」の記述も多くなっていることにつき、お詫びするとともに、あらかじめご了承いただきたいと思っています。

2024年１月　　　　　　　　　　　　　　　　　　　　　　木村孝行

CONTENTS

Column

Chapter 1
経営にインフルエンスを与えよう

法務部門が事業や経営に関する決裁者、つまり意思決定権者になることは多くありません。むしろ「ほとんどない」と言っていいでしょう。法務担当者ひいては法務部門としては、自らの専門性に基づいた見解やメッセージが**経営者や事業部に理解され、受け入れてもらい、会社としての意思決定に反映してもらうことが非常に重要**となります（見解やコメントの作成が目的ではない）。

たとえば、高い専門性を駆使し、いくら立派な修正履歴付きのカウンター案を作成しても、それが現場に理解されなければまったく意味がありません。特に英文契約書では修正履歴を入れると何だか格好が良く、賢くなったような気分になり、それで満足してしまうことがあります。手段が目的化していないか、常に意識する必要があります。

経営者や事業部に法務の見解やコメントを意思決定に反映してもらうためには、まさにインフルエンスを与えるような法務担当者および法務部門でなければならないのです。

本章では、どのようにすれば経営にインフルエンスを与えることができるのかについて説明しますが、本章のメインテーマに入る前に、法務領域における高い専門性の向上ばかりに目を向けることへの警鐘として、私の考えを述べたいと思います。

Section 1

「専門性の向上」ばかりに目を向けすぎない

法務担当者である限り、高い専門知識は欠かせません。一定レベルの法律知識がない限り、法務業務そのものができないからです。それは、車にエンジンがないと走ることができないのとまったく同じです。しかし、いくらエンジンの性能が良くても、車は速く走ることはできません。自動車レースのF1を見ている方はわかるかと思いますが、エンジンの性能だけが良くても速く走ることはできません。空気抵抗を和らげるシャシー（車体の形状）や車体の安定性を保つサスペンション、路面を捉えるタイヤ等の総合的なバランスで速さは決まります。同じエンジンのマシンでも、他の要素とのバランス次第で、驚くほど速さに差が出てくるのです。

法務担当者も同様で、**専門性ばかりを磨いても他の要素を磨かなければ法務担当者としての総合力を高めることはできません**。これは、自動車ディーラーの営業担当者が車の知識“だけ”、保険会社の営業担当者が保険の知識“だけ”の習得に専念している状態を想像すると理解しやすいと思います。そのような営業担当者は良い成績をおさめることはできないでしょう。つまり、専門性だけでは経営者や事業部にインフルエンスを与えることはできないということを理解する必要があります。高い専門性は必要条件であって、十分条件ではないということです。

また、専門性を磨くことばかりに目を向けてしまうと、会社（＝主に法務マネージャー）のニーズとのミスマッチを起こすことになります。法務マネージャーとしては、本当に高い専門性を法務担当者に期待するのではなく、多くの場合、弁護士に期待しています。たとえば，社内に独禁法のエキスパートがいたとしても、その人が大手法律事務所の同法の専門家に勝るということは考えにくいです。仮に法律の知識や理論面で同じレベルに達したとしても、扱う案件数が法務担当者と大手事務所の弁護士とでは桁違いであり、実務家としての実力にどうしても差が出てしまうのです（ただ、法務担当者の方で，ごく一部ではあるものの弁護士と同等以上の実力の持ち主は存在します）。

ここで、私が法務の駆け出し時代に出会った言葉を紹介します。

> 「企業法務パーソンは、法務を最も得意とするビジネスパーソンを目指そう」
> （三井物産 元法務部長 加藤格氏）
>
> 「これはアイザック・スターンという20世紀の有名なバイオリニストの言葉『私がなりたいのは優れたバイオリニストではない。バイオリンを得意の楽器とする優れた音楽家になりたいのだ』と言う言葉をもじったものであります。
> 　私は企業法務パーソンとしては、単なる『法律専門家』『法務の職人』、更に言葉は悪いが『法務馬鹿』になってはいけない、それを超えた存在になって貰いたいと自責の念も込め、思っています。」（経営法友会研修資料より）

これを読んだ当時、私は、企業の法務パーソンとして、法律だけでなくそれ以外の知識をもっと習得すべきではないのかと迷いに迷っていた時期でした。この言葉に出会い、非常に意を強くした記憶があります。私の支えになっている格言の一つです。

加藤氏の格言は、エンジンだけを強化する、つまり法律知識だけ伸ばすということは、単なる「法律専門家」になりかねないことを示唆しています。理想は、法務担当者として誰にも負けない専門分野（この例でいうところのバイオリン）を持ち、それを軸にしながら法律以外の周辺知識を広げていくことです。抜きん出た専門分野を持つことによって自信が出てきますし、周りから一目置かれることになります。専門分野は、独禁法、会社法、英文契約、訴訟対応、不祥事対応等何でもよいと思います。

専門知識をどのようにして高めるのか。この点については、関連書籍やセミナーが山ほどあり（最近では法律事務所が無料で良質なセミナーを積極的に提供していますので、利用しない手はありません）、各会社においてOJTで日常的に専門性を高める教育をされていることなので、本書では触れません。

繰り返しになりますが、専門性を高めることが法務担当者の必要条件であり、一番大事なことであることは間違いありません。ただ、私は、多くの法務担当者が専門知識の研鑽にばかり目をとらわれ、それ以外の要素への関心が薄くなっているのではないかと危惧しています。

では、専門性を磨く以外に、法務担当者は何に注力すべきなのか、次節で詳しく説明したいと思います。

Section 2

経営にインフルエンスを与える法務担当者とは

1　経営にインフルエンスを与えるために必要な要素

法務担当者が経営にインフルエンスを与えるには、何が必要になるでしょうか。それは、法務担当者が経営者や事業部に対して強い信頼を与えることだと考えています。

経営にインフルエンスを与える＝経営に強い信頼を与える

まったく同じことを言ったとしても、信頼を得ていない者と信頼を得ている者とでは結果が違うだろうということは容易に想像がつくと思います。信頼をおいていない人の言うことを、経営者は信じませんし、その意見が意思決定に反映されない可能性も十分にあります。一方、信頼を得ている法務担当者が言った場合、多少自分の意見と異なっていても意思決定に反映される可能性は高くなるでしょう。これがまさに経営にインフルエンスを与えている状態となります。

私が考える経営者や事業部から信頼を獲得するための要素は、次のとおりとなります。

- ✓　法律に関する知識・スキル
- ✓　会社に関する知識

- ✓ ビジネス知識・スキル
- ✓ 法務担当者としての心構え
- ✓ まっとうなビジネスパーソンであること

上記の要素は、それぞれの比率が偏るのではなく、**図1-1**のようにバランスがとれていることが重要です。法律知識だけに偏ることがないようにしなければなりません。

図1-1 法務担当者に必要な要素

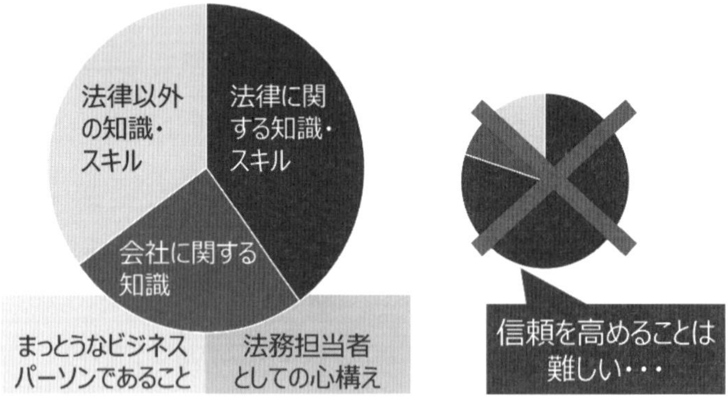

なお、経済産業省が2019年11月19日にとりまとめた「国際競争力強化に向けた日本企業の法務機能の在り方研究会」[1)] による報告（以下、同研究会を「在り方研究会」、在り方研究会による報告を「在り方研究会報告」といいます）に以下の記載があります。

> ～前略～
> 法務としての専門性に加えて法務にとどまらない広範な知見とマネジメントスキルを備えた人材は、より広く企業価値の最大化を考えられる者として、経営陣の一員として、あるいは法務部門をリードする立場として活躍できるだろう。

1） 在り方研究会は、学者、弁護士のほか、見識の高い企業法務の方々が委員となっています。在り方研究会報告は、法務部門のあるべき姿を提示した数少ない資料となっています。同報告の内容は本書においても各所で引用しています。

法律に関する知識・スキルについては、前述のとおり本書のメインテーマではありませんので、以下、それ以外の事項について詳しく説明していきます。

2　会社に関する知識――会社を知る、事業を知る

会社を知ること、事業を知ることは、自身が所属する会社のことをどれだけ理解しているかということです。「弁護士30人・法務マネージャー30人のアンケート」結果（以下、単に「弁護士・法務マネージャーアンケート」といいます）においても、重要視している方が多い項目です。

図1-2　会社を知る、事業を知る

・売上
・営業利益/当期純利益
・配当性向
・PER・PBR
・ROE・ROA・ROIC
・総資産額・純資産額
・各事業の売上
・各事業の利益
・設備投資額と償却費
・主要製品・サービスの売上
・主要製品・サービスのシェア

・経営の最重要課題
・経営の最重要リスク
・各事業の最重要課題
・各事業の最重要リスク
・ESG戦略
・投資戦略
・M&Aの基本戦略
・競合企業との競争環境
・ビジネスモデルと強み
・企業の主要な沿革
など

図1-2に主な内容を列挙しました。左側が会社や事業の定量的な要素であり、右側が定性的な要素となります。この中で、自社や自社事業に当てはめた場合、回答できるものはあるでしょうか。すべてを回答できる人は少ないと思いますが、もしほとんど回答できないのであれば危険信号です。売上、営業利益、当期純利益は当然のこと、PERやPBRのような株価に関する指標、ROEやROAのような経営効率を図る指標も把握した方がよいでしょう。これらの指標については、伊藤レポート[2]やコーポレートガバナンス・コー

ド[3]（以下、「CGコード」といいます）を受けて、機関投資家を中心に経営者への要求が強まり、経営者の関心が非常に高くなっています。特に最近では日本企業の「PBR 1 倍割れ問題」が問題となっており、東証がその解消に向けた取り組みを加速させています。PBRが 1 倍を割っている経営者にとっては喫緊の課題の一つとなっています。

実のところ、このようなことを知ったからといって、何か法務の活動に直接的に良い影響があるとはいえません。ただ、会社の重要な数字について何も知らないことは問題です。法務部門も会社の組織であり、独立して存在するわけではありません。法務担当者も会社に籍をおいている当事者となります。**当事者として会社や事業のことも、当然知っておくべき**というシンプルな問題意識です。なお、経営者によっては、こういった知識を法務部門のような間接部門が知っているかどうか（≒当事者意識を持っているか）品定めしていることもあるので注意が必要です。

法務が仕事をする上で重要となるのは、「各事業の売上」「各事業の利益」「設備投資額と償却費」「主要製品・サービスの売上」「主要製品・サービスのシェア」「各事業の最重要課題」「各事業の最重要リスク」等の項目です。

これらの情報を把握しておかないと何が問題になるかというと、先ほどの経営指標と違い事業に直結する情報なので、法務活動に悪影響を与える可能性があります。

たとえば、各事業部の利益を知らないとどうなるでしょうか。複数の事業部があって、順調に成長している事業と、どちらかというと業績的に足を引っ張っている事業があったとします。両事業において同時に投資案件が進んでいる時に、やはり**法務としてのアドバイスの味付けは変えていく**べきということになります。成長している事業であれば、会社としては当然投資をすべきタイミングと判断している可能性があり、業績が悪化している事業で

2）伊藤邦雄一橋大学教授（当時）を座長とする、経済産業省の「『持続的成長への競争力とインセンティブ～企業と投資家の望ましい関係構築～』プロジェクト」（2014年 8 月に公表）の最終報告の通称。8 %のROE目標を掲げたことにより、経済界に大きな影響を与えた。

3）東京証券取引所が、実効的なコーポレートガバナンスの実現に資する主要な原則を取りまとめたもの。プライム市場・スタンダード市場の上場会社はコードの全原則について、グロース市場の上場会社はコードの基本原則について、実施する、もしくは実施しないものがある場合にはその理由を説明することが求められている（いわゆる「Comply or Explain」）。

あれば、もう少しこの事業の投資を抑えて他の事業に投資を回した方がいいと考えているかもしれません（もちろん、成長事業でも諸般の事情から投資を抑えることもありますし、業績が悪化している事業も会社としてテコ入れのための投資を考えていることもありえます）。

このようなケースでは、投資に関する同じような契約書が回ってきたとしても、同じスタンスで契約書をチェックすることは禁物です。法務として前者の契約は多少リスクを取っても進めてもよいといった心持ちで対応する必要があるかもしれませんし、後者については「事業部は起死回生の投資と考えている節がありそうだ。いつもより用心して契約書を見よう」といった具合に味付けを変えることが求められます。場合によっては「業績が悪化している事業に、このタイミングでこの規模の投資が必要なのか？　事業部は全社戦略を理解した上で投資をする判断をしているのか？」という疑問を持ち、事前に経営企画部門等に相談にいくことも考えられます（あまり余計なことをし過ぎると事業部から反感を買われてしまいますが）。

このように、法務見解を出す場合、一様ではなく柔軟に変化させることが重要となってきます。

また、事業部の売上や利益、製品やサービスのシェア等の事業環境の基本的な情報を知らないと、「我々事業部の売上や利益も知らないのに打ち合わせに来ているのか？」「うちの法務は所詮法務屋だ」と白い目で見られてしまう可能性があります。信頼の獲得とは程遠い状況になってしまいます。このようなことは、事業部のメンバーは声に出しては言わないものですので、もし事業に関する基本的な情報を把握していない場合、早期に手を打つ必要があります。

法務部門が信頼を得るには、経営者や事業部と同じ土俵に立つことが大前提となります。ビジネスにおいて、同じ視野や視点を持つことが出発点ということです。**経営者が森を見て話をしているのに、法務が木ばかり見てしまっていれば話はかみ合いません**。経営者が丘の上から森を見ていたとします。仮に法務がその丘の下から１本の木を見て「木が倒れかかっています！」と言っても、経営者が「いや、もっと向こうに数十本倒れかかっているぞ！」と上から見ていることがあります。このように、見えている景色が違っていれば、問題点も違って見えてしまうことになり、「ポイントがずれているな、うちの法務は……」とみなされてしまうことになります。経営者の頭の中には法務領域だけではなく、当然ながら中期経営計画、決算、IR、人事、営業、マーケティング等いろいろな領域のことが入っています（会社の知識のほか、法律以外のビジネスに関する知識も含まれます。この点については後に触れます）。これら全ての領域の情報を照らし合わせて総合的に経営判断をしています。法務から見える景色は法務領域中心であって然るべきですが、その他の領域のことも積極的にインプットすることが求められます。**図1-3**で示したとおり、2つの輪の重なっている部分をどんどん広げていくイメージです。

図1-3 「経営者と同じ景色を見る」

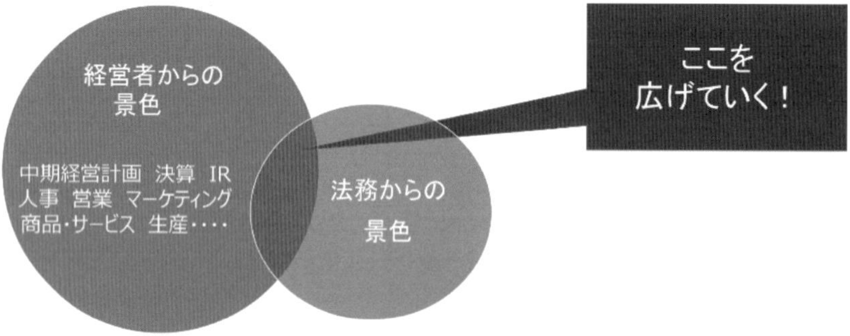

では、私自身、法務時代にどうだったかといえば……、偉そうに言える状況ではありませんでした。当時の自分としては、事業部に寄り添った法務サービスを提供していたつもりでした。「法務担当者としてなかなかバランス感覚があるな」と独りよがりなことを考えていた節もありました。しかし、その後経営企画、IR、広報を経て痛感したことは、法務時代に理解していたことが本当に浅いものにすぎなかったことでした。**図1-2**の項目も、はたしていくつ答えられていたかわかりません。

もし、**あなた自身もしくは所属する法務部門が、会社や事業を知ることの重要性を認識していない場合、一刻も早くマインドを変える必要がありま**

す。いくら日々の業務を一生懸命がんばっていたとしても、法務としてのアドバイスの質が下がるだけでなく、経営者や事業部から信頼を獲得できない状況を作り出してしまうからです。

法務の専門知識をより高くするためには膨大な労力を要します。一方、**会社や事業に関するインプットはそれ程大きな労力を要しません。しかし、その効果は絶大**であると言えます。にもかかわらず、専門性を高めることばかりに目を向ける人が多いので、もったいないと言わざるを得ません。

法務担当者もビジネスパーソンですので、一にも二にもまずビジネスを理解することは重要で、それにリーガル視点を加味するくらいのイメージを持った方がよいと思っています。

以下、弁護士・法務マネージャーアンケート結果から、関連する内容をピックアップしました。会社を知る、事業を知ることの重要性を実感できると思います。

【法務マネージャーアンケート結果18】

企業の法務担当者である以上、最も重要なのは企業の経営状況と経営計画を理解しておくこと。

それによりリスクテイクの必要性や緊急度等、白黒だけではない「程度の問題とその必要性」を加味することが出来、生きたリーガルサービスが可能となるため。

～後略～

【法務マネージャーアンケート結果22】

自分のやっている仕事がどのように経営（財務数値・経営指標）や顧客に影響するかを常に考える。法律や契約に関すること＋αの視点が必要。法務担当者も経営に入っていかなければいけない。

また、自社の製品・サービスについての知識やステークホルダーとの関係の全体もよく理解しておくことによりバランスの良い回答を導き出すことができる。

経営を自分事として楽しむマインドが最も重要。

【弁護士アンケート結果22】

まずもって会社事業を深く把握・理解することにより、事業部の方々から法務担当者として相談を受けた際に、クイックに説明内容等を正確に把握できるだけでなく、たとえば、会社事業に関する深い理解があるが故に事業部の方々が相談時には気づいていなかった新たな法務的問題点や要確認事項の発見に繋がる可能性もあるなど、事業部の方々からの信頼の獲得という観点からも有益と思料する。

【弁護士アンケート結果24】

自社のビジネスへの理解なしには、的確なリスクの発見、分析、対応はできないし、事業部への説得的な説明もできない。

また、法務部門には、ビジネスに寄り添う姿勢・観点と、ビジネスや経営とは切り離された客観的な観点、という両方の観点からの最適解が求められるため、両観点をいかにバランスよく持つかのバランス感覚が必要である。

【弁護士アンケート結果28】

法務部は管理部門であるものの、企業の一部門である以上、自らのアドバイスが事業や売上数値にどう貢献・影響しているのかを普段から関心をもって考えてみることも重要と考えます。たとえば、契約審査1件であってもその取引が成立することで売上につながることもあるでしょうし、不祥事案を社内で未然に防止できれば、発生した場合の損失やレピュテーションリスクを回避することになる訳ですので、それらを具体化（数値化）し法務担当者として経営にいかに寄与しているのかという点に普段から関心を寄せておく。

～後略～

Column　4つの法務――「宝務」「保務」「呆務」「崩務」

単なる言葉遊びで恐縮ですが……。

下図をご覧ください。縦軸が会社や事業の理解（つまり、会社を知る、事業を知ること）で、横軸が法律の専門性としています。両方とも高ければ宝の法務ということで「宝務」、逆に両方とも低い場合は話にならないので、崩壊している状態の「崩務」です。専門性が低く会社と事業の理解が高いのは、法務のプロフェッショナルとしては失格であり、呆れた法務ということで「呆務」。専門性が高く会社や事業の理解が低いのは、固いことばかり言う保守的なイメージから「保務」と表現しました。

法務は専門部隊なので、どうしても右下の「保務」に行ってしまいがちですが、是非「宝務」を目指していきましょう。

図1-4　「宝務」「保務」「呆務」「崩務」

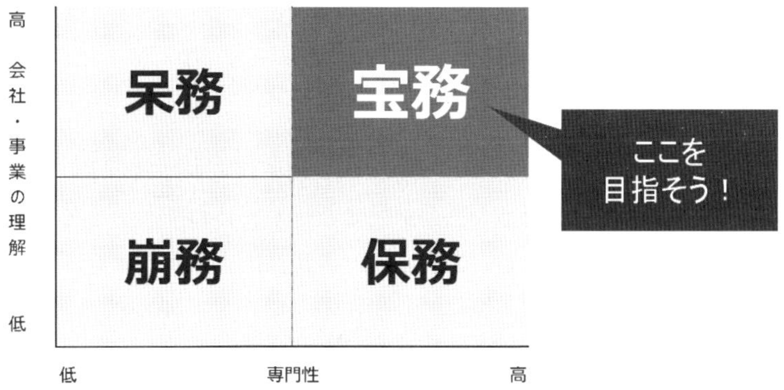

③　ビジネス知識・スキルの獲得

繰り返し述べているように、法務担当者もビジネスパーソンですので、法律以外のビジネス知識やスキルも獲得しなければなりません。

図1-5に法務担当者にとって主なビジネス知識・スキルをピックアップしました。

図1-5 法律以外のスキル

【主な知識・スキル等】

・会計・税務	・コミュニケーション力
・コーポレートファイナンス	・ファシリテーション力（社内調整力含む）
・人事・労務	・交渉力
・リスクマネジメント	・情報収集力
・クライシスマネジメント	・事実関係の整理力
・経営学	・論点抽出力
・英語	・わかりやすく表現する力
・IT・DX	・スピード　　などなど

前述のとおり、経営者は一般的なビジネス知識（**図1-5**左側の要素）を持ち合わせていることが多く、これらの要素を習得することは同じ土俵に立つ上で非常に重要となります（たとえば、経営会議の法務案件以外の話がまったく理解できなければ話になりません）。

また、法務担当者は、事業部と日頃から密なコミュニケーションを取って仕事にあたります。事業部は、法務部門にとって、いわばクライアントであり、**法務サービスを提供するにあたって、事業部門と同様のビジネス知識を求められる**ことになります。法律的な情報のみでコミュニケーションを取ってしまうと、評論家扱いされるので注意が必要です。

法務案件は経営課題の解決という面もあり、課題解決に至るまでの広範なビジネススキル（コミュニケーション力や交渉力等。**図1-5**右側の要素）も求められます。

ここに掲げたもののほかにも、獲得すべき知識やスキルは無数にあります。法律だけの習得でも大変なのに、「法律以外の知識やスキルも」となると途方にくれるかもしれません。しかし、**図1-1**で示したように、大変だからといって、法律知識ばかりの習得に目を向けると、円グラフの法律知識ばかりが大きな割合を占めることになり、バランスのない状態となり、経営者や事業部に信頼を与えることから遠のいてしまいます。

✓　ビジネス知識の習得

時間は有限であり、対策は計画的に行う必要があります。インプットにあてる時間を、たとえば「法律５、会社知識２、ビジネス知識・スキル３」のように、ざっくりでよいので決めてしまうことが意識を変える上で非常に有効です。これはあくまでも目安であり、たとえば重要な法改正時には、改正内容の把握に多くのインプットが必要になります。年間のインプットにあてる割合という認識で十分かと思います。

ビジネス知識をインプットするにあたって、気をつけるべきことがあります。それは、各テーマに深く入り込まないことです。**広く浅くインプット**することです。

法務担当者は、（私の印象ですが）他部門と比べて探究心が強く、ある分野を勉強する場合、深く掘り下げる傾向にあります。もちろん、これは歓迎すべきことですが、未習得の分野が多い場合、まずは分野ごとの本質部分もしくは総論部分までインプットすることをおすすめします（**図1-6**参照）。

図1-6　本質を理解しよう

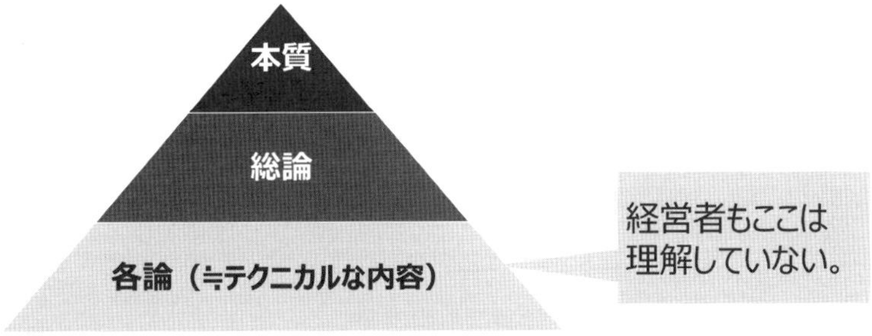

たとえば、企業会計の知識を習得する場合、以下の事項を押さえておけば、多くの話についていけると思います。

ⅰ 企業会計制度の目的や考え方 （なぜ企業会計が存在するのか） ⅱ PL/BSの基本知識

特にⅰが重要で、そもそもの目的や考え方を理解していないと、「勉強のための勉強」になってしまいます。企業会計の主な目的の一つは、投資家や株主をはじめとするステークホルダーへの正確な情報提供です（特に上場会社の場合）。そのために法律や規則によってルールが厳格に定められており、ルールに基づいているので他社との比較も容易になります。また、経営者による意思決定の前提情報を提供するという目的もあります。売上、利益率、人件費率等の情報を事業別に把握する等、企業の意思決定をする際のデータとなるものです（飛行機のコックピットのような情報）。

このような本質的なことを理解するだけで、その後の総論、各論も何が問題なのかが頭に入りやすくなります。間違っても最初から簿記のような「木」を勉強することがないようにしないといけません。まずは「森」である会計制度全般の知識を習得していくうちに、興味が湧いて徐々に深掘りし簿記まで勉強するようになるのであれば、それは健全なことだと思います。

ⅱのPL/BSの基本知識として、PLでは営業利益、経常利益、当期純利益、キャッシュフロー、減価償却等のほか、在庫回転率や負債比率等の内容を理解できる程度の力を持つことで足りるかと思います（分析する能力までは獲得しなくてもよい）。

経営者も、財務・経理部門や経営企画部部門出身者でないかぎり、深い知識をもっていることは少なく、逆に上記のような基本知識は、ほとんどすべての経営者は理解していると思ってください。

企業会計の習得はビジネスパーソンにとっては必須であるものの、苦手意識のある人も多いと思います。かくいう私も長年悩まされて続けてきました。恥ずかしい話ですが、私は高校時代の数学の偏差値が30程度というかなりお粗末な成績でした。数字や数式を見るだけで嫌になる、いわゆる数字アレルギーでした（特にΣやxyzが入った数式を見ただけで本を閉じるようなありさま)。

それでも、やはり会計からは逃げられないので、“初心者でもわかる企業会計入門”的な本を買ったり、図書館から借りたりして、自分に合った本を見つけて繰り返し読むようにしました。経験上、このような本は数時間から半日程度あれば読めるものが多く、さほど時間を取られるものではありません。気をつけなければならないことは、この手の本には、初心者向けや入門と謳っておきながら、まったく初心者向けでない内容のものも多いことです(このような本は読むのに時間がかかります)。自分のレベルに合った本を見つけるためには図書館がおすすめです。企業会計の本は、図書館には少なくとも数冊、多ければ10冊以上ありますので、他の人に迷惑をかけない範囲で複数冊借りてみてはどうでしょうか。

これまで企業会計を例に説明しましたが、他の分野の知識を習得する場合でも同じです。まずは初心者向けの書籍を読み、その後、必要に応じて徐々に知識を広げていくことです。最初のうちは、ビジネスパーソンとして「何も知らない分野」をできるだけ少なくすることを心がけるべきです。

そして、興味が湧いた分野については深く掘り下げ、法律以外の強みとなる分野を持つことが理想的です。弁護士にも、税務に詳しい弁護士、金融に詳しい弁護士、DXやITに強い弁護士はその分野では本当に頼りになります。法務担当者もこのような視点で、信頼を獲得する方法もあります。

Column　一人法務の経験は宝物

多くの会社が、法務担当者が一人だけのいわゆる「一人法務」の体制を取ってします。

何十人もの人員を抱える会社の法務担当者の場合、契約書審査のみ、独禁法対応のみ、訴訟対応のみしか担当しないこともあります。一方、一人法務の場合、上記分野を含むすべてを担当することになります（株主総会対応、規程管理、子会社管理等総務系の業務を担当していることも多い)。

それだけでも守備範囲が広いのですが、知財、人事、経理、IT等も担当しているケースもよく耳にします。会社の規模によって、それ以上の人員を割けないという事情はあると思いますが、どの分野においても対応事項が年々増えており、担当者の大変さは想像に難くありません。「なんでこんなに業務範囲が広いんだ……」と愚痴をこぼしたくなると思います。

ただ、**見方を変えれば、法務担当者が普通であれば経験できないことを経験しているということになります。他の会社の法務担当者が見えていない景色が見えており、より経営者に近い視点を持つことができているはず**です。

私の例を出して恐縮ですが、社内異動により、法務→総務→経営企画→広報・IRの業務を経験することができました。異動のたび、経験のない分野に対応することは本当に大変でしたが、この経験により、法務だけに留まっていたら見えなかったものが本当に多く見えるようになりました。私にとってはかけがえのない経験です。

一人法務として対応している方は、本当に苦労が多いと思います。ただ、その経験は「宝物」と言っても過言ではありません。その苦労が貴重な体験となり、今後の飛躍につながるよう応援しています。

✓　ビジネススキルの習得

次はビジネス“スキル”について説明します（ここまではビジネス“知識”の話）。

ビジネススキルに公式な定義はありませんが、本書では「単なる知識ではなく、法務担当者ひいてはビジネスパーソンとして成果を発揮するための行動を伴うもの」として整理します。

代表的なスキルは前掲の**図1-5**の右側の要素となります。

また、在り方研究会報告にも、以下のものがピックアップされています（**図1-7**）。

図1-7　在り方研究会報告に見る「スキル」

① スキル
・自社のビジネスに関係する法令の知識
・商品・サービス内容、事業・取引形態に対する深い理解
・ビジネス環境、商慣習、文化への知識・理解
・リスクの発見能力（何が問題かが分からないような案件の中から課題を見つける能力）
・リスクの分析能力（取れる又は取れないリスクを見極める能力、リスク回避と機会喪失のバランス感覚）
・ソリューションの提案と判断力（客観的な法的分析にとどまらず企業の行動に結び付けるソリューションを判断する力）
・判断を実行（execute）する力
・コミュニケーション力（事業部門との建設的対話を通じて、代替案を探求し、どこまでリスクを最小化できるかを十分協議する能力）
・経営層・事業部門に対して**わかりやすく説明する能力**。わかりやすいということは、法律的な緻密さを欠くことになるが、何を欠いてもよいかを判断するためには、能力が必要。
・会計、税務、IT 等の知識
・外国企業の交渉に耐えられる**英語力**（ディベートができるだけの英語力があればベスト）
・外部弁護士との幅広く強固なネットワークと、外部弁護士を管理する能力

これらのほかにもプレゼンテーション力、プロジェクトマネジメント力、リーダーシップ等、さまざまなスキルがありますが、本書では法務担当者として特に必要となる以下の２つについて取り上げたいと思います。

ⅰ　情報収集力→事実関係の整理力→論点抽出力
ⅱ　社内調整力

▶―　情報収集力→事実関係の整理力→論点抽出力

１つ目は、情報収集し、集めた情報をもとに事実関係を整理し、その案件についての論点を抽出する一連のスキルとなります。これらは法務担当者としての骨格となるスキルと言っても過言ではありません（あえて３つのスキルを一つにまとめています。どれ一つ欠けても問題があるためです）。

弁護士・法務マネージャーアンケート、特に弁護士アンケート回答において、法務担当者が持つべき要素として非常に多かったものです。弁護士は企業の内部事情に必ずしも明るくなく、社内ネットワークもありませんので、情報収集や事実関係の整理をするにも大きな制約があります。論点抽出の場面においては、法務担当者は法的視点＋自社の事業やビジネス環境という視点の双方を加味して行い、弁護士はこれに、より高度な法的視点と他社の類似事例との比較という視点を加味することになります。いずれにせよ、法務

担当者の力なくしては適切な論点の抽出ができないことになります。

では、これらのスキルをどのようにして上げればよいのか、実は私には明確な回答がない状態です（こう言っては身も蓋もないですが）。

たとえば、情報収集力を構成する要素として、思いつくままでも以下のものが挙げられます。

ⅰ　広い社内ネットワーク ⅱ　社内情報のアクセス権限 ⅲ　コミュニケーション力

これらの要素は、先ほどのビジネス知識と違い、インプットするだけで獲得できるものではありません。

ⅰを広げるためには、会社の在籍年数、事業部門の在籍経験の有無のほか、法務担当者の日頃の業務対応姿勢（信頼がある担当者ほど情報が集まります）など、さまざまな要素があります。前の２つの要素については自身の努力ではどうすることもできませんので、意識的にネットワークを広げていく必要があります。

ⅱについては、所属する法務部門がどれだけ機密情報にアクセスできるかによって変わってきます。これも自身の努力では限界がありますので、法務部門の組織としてのプレゼンスを上げて、アクセス権限を勝ち取っていくことになります（この点の詳細は**Chapter 2**で説明します）。

ⅲについて、これを高めるための書籍が溢れている状況であり、本書で詳しく説明できるものではありません。ただし、とても重要なスキルですので、コミュニケーションが苦手な方は、一度書店や図書館等で自分に合った本を探すことをおすすめします。

ちなみに、寡黙な人や口下手な人は、コミュニケーションに苦手意識を持つことが多いようですが、決してそのようなことはありません。逆に、口達者な人にコミュニケーション力があるとも限りません。大事なことは自分に合った方法で、コミュニケーション能力を高める方法を見つけることです（たとえば、寡黙な人は傾聴が得意なことも多く、それに磨きをかけるなど）。本を何冊か読んでいると、きっと自分にも「刺さる」内容が見つかると思います。

事実関係の整理力については、法務担当者は比較的得意とする人が多いと感じています。ただ、難しいのは、事実について枝葉までの詳細なことを記載し過ぎると全体がわかりにくくなり、まとめ過ぎると省略した内容に重要な事実が入ってしまっていたということが起こりうることです。この点のバランスを取ることは経験に尽きるかもしれません。

論点抽出力について、自信がある法務担当者はどれほどいるでしょうか（少なくとも私はまだまだ自信があるとは言えません）。**この能力を上げるためには、世の中のさまざまな知識、会社の知識、事業の知識、法的な知識を豊富に持っておく必要があります。**どの一つが欠けても、抽出した論点がピンボケになる可能性があります。

以下の弁護士アンケート回答が参考になります。

【弁護士アンケート回答21】

大事な点は以下の３つ。

✓　論点（異常点）に気付く能力・センス

✓　自社の事業及び自社が所属する産業セクターのビジネスに対する深い理解

✓　社会で起きていることに対する幅広い関心

上記３つは密接に絡むのですが、論点に気付いてしまえば、後は外部弁護士の力を借りてでも問題解決に至ることができると思います。怖いのは論点に気付かないことだと思います。その意味で、**自社の事業やセクターのビジネスに対する深い理解がないと論点に気付くことは難しい**ように思います。これは社外の弁護士ではできないことであり、会社の法務パーソンこそ可能なことだと思います。また、**社会で起きていることにアンテナを立てていないと、会社を取り巻くリスクに気付くことができません。**幅広い情報収集を常に心がけるというのが、リスクマネジメントの要でもある法務パーソンに求められることだと思います。

【弁護士アンケート回答17】

多くの法務部では、事業部門から聴き取った事実を法的にきれいに整理し、質問書をご準備されます。事前にしっかりと交通整理をした上でご相談いただけることはとても助かるのですが、中には、法務部において決めた「スジ」に沿った事実のみをご提示いただき、その前提で法務部の意見が示され、「これで良いですね」と確認的にご相談をされることもあります。
　しかし、外部の専門弁護士の眼から見て、その「スジ」が実はズレていることも往々にしてあります。外部弁護士に相談をする重要な意義は、隠れた問題点を含め、事案の真相に即した解決策を共にディスカッションして見いだすことだと思われます。そのためには、法務部において「調理」しすぎず、ある程度「素材感」のある状態で幅広に情報をご提供いただくのが良いのではないかと考えています。
　なお、私は、メールだけでのご相談にそのままお答えするのは稀であり、原則として、事業部門を交えたウェブ会議等でディスカッションする機会を設けていただくようお願いしています。

　なお、論点抽出は一人の能力では限界があります。一人よりも複数人の方が、論点抽出の前提情報となる世の中の流れ、業界の競争環境、自社の状況等の把握に抜け漏れが少なくなるからです。大事な案件ではチームでブレストをして論点抽出し、その後弁護士を交えてブレストをすると良い効果が生まれると思います。

▶ 社内調整力

　社内の法律の専門家として、法務担当者に求められる代表的な能力の一つです。
　弁護士・法務マネージャーアンケート結果でも、特に弁護士のアンケート結果において、法務担当者が持つべき要素として多く挙げられていました。事業部はアクセルを踏み、法務はブレーキを踏む役割になることが多く、どうしても意見が対立するケースが多くなります。法務担当者が事業部等と調整しきれずに弁護士に相談していることが伺えます。

【弁護士アンケート回答1】
　訴訟の相手、クレーマー、敵対的投資家との関係では、組織が一丸となることは容易です。
　彼らは法務の敵であると同時に経営の敵でもあり、事業部の敵でもあるからです。しかし、真の利害調整能力は身内（経営層、事業部、広報、財務、外部法律事務所、会計監査人etc）で必要になります。同じ組織に存在し、あるいは、同じ組織と契約している「味方」同士の利害の相反こそ、同じユニフォームを着ており今後も同じユニフォームを着ていく分、扱いが難しいです。
　良き法務担当者はこの調整が非常にうまく、影の「司令塔」を担われます。

　社内調整力は、事業部と利益が相反したときに、より重要となります。法務担当者の腕の見せどころであり、普段の信頼関係によって大きく左右されるものです。ですので、社内調整力を高めるには、法務担当者の信頼を高めること、つまり、本書のメインテーマであるインフルエンスを与えることにつきます。本書全体のテーマでもあり、一朝一夕で社内調整力を高めることは難しいと言わざるをえません。

✓　わかりやすさにとことんこだわる

【弁護士アンケート回答１】
　何十ページの長い文書も、100文字を超える長い文も、そもそも経営陣や事業部の頭に入らず、信頼構築以前の問題になってしまいます。

【法務マネージャーアンケート回答23】
　何かを説明するとき、正確に説明し過ぎると何も伝わらない。条件、例外、但書を漏れなく説明すると原則は埋没する。
　法務部員のプレゼン資料は文字だらけ。伝えるべきことを伝えるという目的を達成するため、ある程度正確さを捨てる必要がある。捨ててはいけないものと、捨ててよいものを見極める目利きが大事。

　再三述べているとおり、法務部門が意思決定者になることは多くありません。法務担当者としては、自らの見解やメッセージが経営者や事業部に理解され、受け入れてもらい、会社としての意思決定に反映してもらうことが重要です。

その意味において「わかりやすさ」はきわめて重要な要素となります。**わかりやすく表現することはビジネススキルの一つ**ですが、とても大事なことなので個別の項目として触れたいと思います。

一般的に、法務担当者が作る文章は、「わかりにくい」「難しい」「堅い」「長い」というイメージを持たれています（実際、そう思います）。そもそも前提となる法律自体が経営者や事業部にとっては難解なものなので、わかりやすく表現することがとても難しく、あきらめてしまっているのかもしれません。

法務担当者は総合力で評価されます。いくら法律知識や他のビジネススキルが豊富であっても、難解で長文のメッセージばかり発信しては信頼を得ることはできません。ただでさえ経営者や事業部のキーパーソンは忙しいので、読んでくれない可能性が高まります。

わかりやすい表現の仕方についての具体的な方法については専門の書籍に譲りますが、留意すべき点を思いつくまま列挙します。

図1-8 「わかりやすさ」にとことんこだわる

【留意点】
- ワンセンテンスが長い文章はアウト
- できれば図や表を多用
- 箇条書きは簡単で効果てきめん
- 正確性を重視し過ぎることは禁物
- 法律の専門用語はできるだけ少なく

▶ ワンセンテンスが長い文章はアウト

私の感覚では、A4サイズでワンセンテンスが4行以上続いた場合、かなり読みづらくなります。「～だが、」「～なるところ、」とダラダラと文章をつなげることはやめ、コンパクトな文章にしましょう。残念ながら、弁護士や法務担当者作成の文章において、頻繁に目にします。読み手を意識せず、書き手視点のみで書く場合、このような文章になってしまいます。

新聞の社説を読んでいただくとわかると思いますが、一文一文が非常に短く、リズム感のある文章になっています。意識したことがない人は、社説をそのような視点で読んでください。**意識を変えるだけで劇的にわかりやすい文章になる**はずです（ちなみに本書も、一文の長い文章をほとんど使っていません）。

▶― 図や表を多用

そもそも、メッセージをわかりやすく伝えるという点において、「文章だけ」の構成では目的を達成することは非常に難しくなります。簡単で効果が絶大なのは、図や表を多用することです。文章にすると冗長になってしまう内容でも、図にすればスッキリ読みやすくなります。たとえば「法務の見解は下図のとおり」として、図だけの文書も潔くてよいと思います。

私は、裁判官と定期的に話す機会があり、いつも「準備書面等で図や表を入れることについてどう考えますか？」という質問をします。ほとんどの方が「是非そうしてください」「とてもありがたいです」と回答されます。文章読解力において、頂点にいるような方々がこのように考えられているので、経営者を含むビジネスパーソンについては推して知るべしでしょう。

▶― 箇条書きは簡単で効果てきめん

どうしても文章が長くなってしまう場合、箇条書きにすることをお勧めします。箇条書きにするだけで、文章が見違えるほどわかりやすくなる場合があります。

具体例を見てみましょう。以下はCGコードの「原則４－２．取締役会の役割・責務(2)」の文章です。

> 【原則４－２．取締役会の役割・責務(2)】
> 　取締役会は、経営陣幹部による適切なリスクテイクを支える環境整備を行うことを主要な役割・責務の一つと捉え、経営陣からの健全な企業家精神に基づく提案を歓迎しつつ、説明責任の確保に向けて、そうした提案について独立した客観的な立場において多角的かつ十分な検討を行うとともに、承認した提案が実行される際には、経営陣幹部の迅速・果断な意思決定を支援すべきである。
> 　また、経営陣の報酬については、中長期的な会社の業績や潜在的リスクを反映させ、健全な企業家精神の発揮に資するようなインセンティブ付けを行うべきである。

この文章を一読して、取締役会が何をすればよいか、すっと理解できたでしょうか。おそらく3～4回読み返さないと正確には理解できないと思います。

以下、強引に箇条書きにしてみました（原文が伝えたい内容と多少ニュアンスが異なるかもしれませんがご容赦ください）。

【原則4-2．取締役会の役割・責務(2)】
取締役会は、以下の点に留意すべきである。
(i) 経営陣幹部による適切なリスクテイクを支える環境整備を行うことを主要な役割・責務の一つと捉えること
(ii) 経営陣からの健全な企業家精神に基づく提案を歓迎しつつ、ステークホルダーに対する説明責任の確保に向けて、そうした提案について独立した客観的な立場において多角的かつ十分な検討を行うこと
(iii) 承認した提案が実行される際には、経営陣幹部の迅速・果断な意思決定を支援すること
(iv) 経営陣の報酬については、中長期的な会社の業績や潜在的リスクを反映させ、健全な企業家精神の発揮に資するようなインセンティブ付けを行うこと

箇条書きにするだけで、ずいぶんわかりやすくなったのではないでしょうか。CGコードの原文について、このような文章になった特別な理由があるかもしれませんが、読み手視点を重視すると、箇条書きにして少しでもわかりやすくすることが大切だと思っています。

▶— 正確性を重視し過ぎることは禁物

法務担当者が作成するものはビジネス文書ですので、正確性を重視することは当然のことになります。問題は、どこまで正確性を重視するかという程度とバランスの問題になります。

たとえば、自社のビジネスに大きく影響する判例が出たとします。その内容についてレポートせよとの指示があった場合、正確性を重視すれば、極論、判決文すべてをそのまま読んでもらうということになります。ただ、そんなことをする人はまずいないでしょう。

ビジネス文書において「正確性」と「わかりやすさ」は、通常、二律背反となります。このバランスをいかに取るかということが法務担当者の腕の見

せどころになります。上記の判例の場合、判決文すべてを読ませることは、さすがにわかりやすさという点において大きな問題があるため、ほとんどすべての人は要約するという手段を取ります。要はバランスを取っているわけです。このバランスを「正確性」から「わかりやすさ」に勇気をもってシフトさせることが法務担当者としてブレークスルーすることにつながります。

法務担当者がもっとも陥りやすいのが、例外事象を過度に文書に入れ込んでしまうことです。たとえば、担当している案件において、法律の解釈ついてレポートする必要があったとします。焦点となっている法律の条文に「次の場合はこの限りでない」として、５つの除外規定があったとします。そのうちの３つについては、当該案件にほとんど影響することがない場合、そこは思い切ってカットすることが重要となります。正確性を意識し過ぎて、その３つも書いてしまうと、わかりやすさという点で大きな問題を抱えることになります。ただでさえ法務担当者の文章はわかりにくいと思われている中、このようなことをしてしまうと、いくら立派なレポートや解説でも誰も読んでくれなくなります。読んでくれたとしても「もっとわかりやすく書いてよ」と心の中で思われていることは間違いありません。レポートや解説は相手に理解してもらわないと意味がありません。本当に読んでほしいところは条文の本文のところなのに、例外事項の記載が多くなって全体がわかりにくくなってしまわないように心がける必要があります。

もちろん、大きな訴訟等の重要案件に関するレポートや取締役会に提出するようなオフィシャルな文章の場合、わかりやすさを犠牲にして正確性を重視する必要性が高まります。事業部担当者向けの簡単なメールでの回答等については、思い切って例外事項を省くといった柔軟な対応が必要となります。要は、場面々々でわかりやすさと正確性の天秤の「錘（おもり）」を調整するバランス感覚が重要となります。

▶　法律の専門用語はできるだけ少なく

「善意・悪意」「瑕疵」「停止条件」「解除条件」「除斥期間」「会計監査人」「被控訴人」等、法律専門用語をそのまま資料に記載していることはないでしょうか。

このような用語を駆使していると、自分は何だか「かっこいい」とか「かしくくなった」ような気分になります。ついつい使ってしまいがちですが、やはりメッセージは伝わらなければ意味がありません。ここはぐっと我慢して、一般的な言い方に引き直して使うようにしましょう。

自身が法律を学ぶ前の時のことを思い出してください。その時に冒頭の用語を使われたとしたら、理解できたでしょうか。専門用語はそれぞれ明確な定義があることが多く、専門家同士ではその用語を使った方が効率的ですので、どんどん使って構いません。ただし、専門家でない人（たとえば経営者や事業部メンバー）に対して使うと、理解されないもしくはまったく違った解釈をされてしまう可能性があります。「瑕疵」は「欠陥」、「停止条件」は単に「条件」とし、「除斥期間」は思い切って「時効」としてしまってよいと思います。「会計監査人」は会社法上の正式名称ですが、法務部門があるような大企業の場合、多くは会計監査人として監査法人を選任しています。実務上、「会計監査人」という言葉はあまり使われませんので、「監査法人」でいいでしょう。「会計監査人」と書くと「監査法人」とはまた別のものがあるのかと一般の人は思ってしまう可能性があります。

法律の専門用語は他にも山ほどあるので、常に意識をしないとそのまま使ってしまうことになります。私も使ってしまうケースもしばしばあり、その都度反省するようにしています。

当然、重要案件の正式な見解を出す場面においては、専門用語を使わなければなりません。場面によって使い分けることが重要です。

Column　最高裁に控訴？

私が法務部門に配属された時のエピソードです。

私は、役員全員に配信するレポートの中に「最高裁に上告」と記載して、その内容について上司にチェック依頼をしました。以下はその時のやりとりです。

私　：レポート案を作成しましたのでご確認お願いします。
上司：役員とはいえ、「上告」って言葉はわかりにくくない？「最高裁に控訴」に修正したら？
私　：……。

皆さんであればどうするでしょうか？
当時私はすでに司法書士の資格を取っておりましたので、法律の専門家のはしくれとして、そんな恥ずかしいことは書けないと思いました。絶句しました。
しかし、しばらくして、この上司は法務畑をずっと歩んできた方ではなく、いろいろな部署を渡り歩いてきた方であることがわかりました。他の役員の多くも法務畑を経験しているわけではないので、上司の言うことも一理あるのではないかと考えました。「最高裁に上告」と書いたら、もしかしたら理解できない人がいるかもしれません。しかし「最高裁に控訴」と書いたらまず誤解する人はいないでしょう。迷いに迷った挙げ句、それほど正式なレポートでもありませんでしたので、最後は「最高裁に控訴」と書きました（笑）。
この判断が正しかったどうかはわかりません。反対の考えの方も多いと推測します。しかし、この出来事は、私にとってショッキングであったとともに、非常に良い気づきを与えてくれました。
正確性とわかりやすさのバランスについて、この極端な事例を通じて、その後かなり意識するようになり、後の文章作りに大きな影響を与えたと思います。気づきを与えてくれたこの時の上司には、本当に感謝しています。

4　法務担当者としての心構え

ここからは、法務担当者としての心構えについて説明します。**本書において、私がもっとも伝えたいこと**になります。要素は以下の２つです。

- ✓　現場に寄り添う姿勢
- ✓　時にはリスクテイクする

心構えや姿勢のことなので、**やろうと思えば明日からもできることばかり**です。法律の専門性を高めるよりも労力は何十分の一で済むことばかりです。ただ、残念ながら実践している人が本当に少ないので、これから述べることを実践すれば、法務担当者として大きな差別化が図られます。ひいては、経営者や事業部からの信頼を獲得することにつながります。

✓ 現場に寄り添う姿勢

弁護士・法務マネージャーアンケート結果において、この「寄り添う」という言葉を使っている方が多く、「伴走」という言葉を使っている方もいました。これらは私も非常に重視している姿勢です。法務に配属されたのであれば、常に意識し、これに沿った行動を取る必要があります。

もしかしたら、皆さんも経験があるかもしれませんが、たとえば、（リモートではなくリアルで）弁護士に相談に行ったとき、実際はテーブル越しで話をしているのにもかかわらず、こちらの身になって相談に乗ってくれることから、**まるで自分の隣に座ってくれているような感覚**を持つことはないでしょうか。**これがまさに「寄り添う姿勢」**だと思っています。私はこのような弁護士を信頼します。

逆に、徹頭徹尾「テーブル越し」から発言される方もいます。不思議なもので、テーブル越しに話しているか、隣に座って話しているかは、瞬時に判断できてしまいます。

法務担当者も、事業部のメンバーの横に座る感覚で、親身になって相談に乗るべきです。前のめりの姿勢で、かつ少々おせっかいなくらいでちょうど良いと思っています。もし少しでも事務的な対応をしたり、評論家的な姿勢で相談に乗ったりすると、現場は「テーブル越し」の人間と瞬時に判断してしまいます。

このことは、病院に行ってお医者さんに診てもらうときとまったく同じです。本当に患者のことを思って診察してくれる医者と、ぶっきらぼうに淡々と必要最低限での診察しかしない医者がいたとすれば、どちらに信頼を置く、もしくはかかりつけ医として選ぶでしょうか。医者としての腕がまったく同じであれば当然前者ですし、仮に少々腕が落ちたとしても私は前者を選ぶと思います。寄り添ってくれる医師からは「一緒にがんばって治していきましょう」と励ましの発言も出るでしょうし、親身になって診てくれるので、患者のちょっとした症状や異変にも気づきやすくなるので誤診も少なくなるからです。そして何よりもその先気軽に相談しやすくなることが大きいかと思います（法務も相談に来てもらってなんぼです）。

この「寄り添う姿勢」なしに、経営者や事業部の信頼を獲得することは不可能だと思っています。**寄り添う姿勢は、当事者意識を持つことから始まります。**当事者意識を持つと、自分が事業部の担当者であればどうするかという視点で物事を考えるようになります。意識が変わると行動も変わります。たとえば、事業部やその案件のことがいろいろ気になって、法律以外のことにも問題意識を持つようになり、これまでと違った質問や指摘もできるようになります。このような姿勢はすぐに事業部は感じ取りますので、仲間として・同志として、自然と信頼を置いてくれるようになります。法務への相談の敷居も下がり、今後相談も増えることが予想されます。

まだそこまで踏み込んで仕事をしていない人は、是非実践してみてください。

以下、弁護士・法務マネージャーアンケートの結果における、寄り添う姿勢に関する主なコメントをピックアップしました。

【法務マネージャーアンケート回答２】

もっとも重要なのは現場に寄り添う姿勢であり、それを日常的に意識して行動することだと思います。寄り添いの仕方はさまざまであり、たとえば、現場を見る努力やコミュニケーション力を高める努力等、寄り添いを実践するための努力の在り方もさまざまだと思います。そのような中、持っておくべき視点としては、時には勇気を出して現場にNOと言わなければならない場面もある中で、それを受け入れてもらえる関係性を、現場との間に構築するには、日ごろからどのように現場と接する必要があるのかを自分ごと化して考えるということだと思います。それぞれのアプローチがきっとあるはずだと思います。

【法務マネージャーアンケート回答22】

会社で働いている以上、常に経営や顧客のことを考える必要がある。法律や契約のアドバイスをするだけなら、もっと知識のある外部の弁護士の先生方にアウトソーシングした方が良い。法律と経営をつなぐのが法務担当者の役目である。経営者・事業部門と一緒に答えを出していこう。

【法務マネージャーアンケート回答10】
法務部は、会社というチームの一員であり、その案件の当事者といえます。この点で外部法律事務所との大きな違いがあります。当事者であれば、評論家的な対応は論外であり、常に自身も当事者となり、寄り添って何とかベターな解を見出せるように対応することが重要です。

Column 徹底的に寄り添い、事業部からのクレジットを貯める

普段の業務で徹底的に事業部に寄り添い、良質なサービスを提供することによって、徐々に事業部からの「クレジットを貯める」ことができます。これを貯めるだけ貯めておいて、いざNOと言う時に使います。法務からのNOのサインは、事業部にとっては、「法務が堅いことを言ってきた」と通常はマイナス評価になります（この時、代替案等を示すことができればマイナスの幅は小さくなる)。普段クレジットを貯めておけば、クレジットは減ってしまうことになりますが、マイナスになることはありません。また、クレジットが貯まっているということは、すなわち事業部との信頼が構築されているということですから、きっぱりとNOと言っても聞く耳を持ってもらえます。

もし、**普段からクレジットを貯めていなければ、NOと言った時に、クレジットがマイナスになってしまいます**。信頼関係もないのでなおさらです。これが数回続くと、「法務はNOばかり言って経営の邪魔をしている」という評価につながってしまうことになります。いわば借金まみれの状態になるわけです。

ただ、クレジットが貯まりすぎている場合、言うべきNOを言っていない可能性もあり、事業部への迎合につながっているかもしれません。このあたりのバランスを取ることは難しい問題です。

✓ 時にはリスクテイクする

法務がリスクテイクをすることは、信頼を獲得するためには非常に重要な要素です。法務マネージャーのアンケート回答でもっとも多かった内容でもあります（意外にも、弁護士アンケートでの回答も多かった)。

また、在り方研究会報告書でも以下の記述があります。

> 逆に**「やってもいい」ことを示すのも法務機能の重要な役割**である。
> 経営陣、事業部門等は、ルールに反する構想を持ってくることもあるが、ルールを守ろうとするあまり萎縮してしまうこともあり得る。かつては、会社の中で新規事業を考案する者の中には、法務部門に相談を持ち掛けると、新規事業の開始が遅れたり、場合によってはその可能性が消滅したりしてしまうのではないかといった懸念を有する者が少なからず存在したことも事実である。
> 法務機能の存在自体が、新規事業の発案や開始に対する消極的な抑止効果をもたらしているとすれば、残念なことであり、そのイメージ払拭のために大いなる改善に向けた取組が求められる。
> そのためには、法務機能が、「こういうこともできる」という提案を行うことで、経営陣、事業部門等の発想をストレッチする機能を強化することが必要である。～後略～

リスクを指摘するのは法律知識があれば誰でもできます。法務担当者としては、以下のような発言ができるかどうかが、信頼を獲得するかどうかの分かれ目になります。

A：「〇〇のリスクがありますので、法務としてはこの案件を進めるべきでないと思います」（リスクだけの提示）
B：「現状のスキームを変更して、〇〇〇〇の点を改善すればリスクを大幅に低減できます。」（代替案の提示）
C：「（代替案を提示した上で）これでリスクを大幅に低減できるので、法務としてもこの案件についてゴーサインを出します」（法務としてもリスクテイク）

皆さんは普段どのような姿勢で臨んでいるでしょうか。

まずAの姿勢ですが、これだけで終わることは論外で、一発レッドカードで退場するに値する姿勢です。事業部が最も憎む姿勢であり、法務マネージャーアンケート結果でも、法務担当者が止めるべきことのトップになっています。実際、私が法務マネージャー時代、「相談してもNOしか言わない」「リスクを指摘するだけで終わり、代替案もない」は、事業部から部下へのクレームとしてもっとも多かった指摘です。事業部からは「法務だけが安全地帯に逃げて、リスクは自分達だけが負うということか……」とハシゴを降ろしたと見られてしまいます。

このように、**リスクだけ指摘して自分だけはコンフォートゾーンにいる状態では、経営陣や事業部からの信頼は獲得できません**。逆に不信感が増し、経営にインフルエンスを与えるどころか、経営の邪魔をする存在とみなされてしまう可能性があります。

リスクを指摘するだけの法務担当者はコンフォートゾーンにいるので、もしかしたら、自身は何らのリスクはないと思っているかもしれません。ただ、その姿勢自体、法務担当者としてもっともやってはいけないことであり、その法務担当者のキャリアという視点では、非常にリスクが高いということを理解しなければなりません。

本当に止めるべき案件では、リスクの提示だけでなく法務としては説明責任を果たし、事業部に納得してもらうことが今後の信頼関係を構築する上で非常に重要となります（もちろん、最後まで意見がすり合わないこともありますが、全力で説明責任は果たすべきです）。

続いてＢの姿勢（代替案の提示）はどうでしょうか。とても大事な姿勢であり、代替案を提示することに努めている法務担当者も多いと思います。そこを**もっと踏み込んでＣの発言ができるかどうかが、法務担当者がより信頼されるかの分かれ目**になります。このような場面では、「ブレーキを踏むべき法務が、こんなことを言ってしまっていいのか」と必ず迷うことになります。リスクテイクすることはとても勇気が要ることですし、怖いことでもあります。また、やり過ぎると事業部への迎合となってしまいます。このバランスを取ることは永遠の課題であり、とても難しいことです。

しかし、法務担当者もビジネスの当事者として、悩みながらも何らかのジャッジをしていかなければなりません。法的リスクを勘案しても進めるべきと判断した場合は「法務としてもこの案件を進めるべき」と明言し、リスクが高いと判断した場合は「この案件は進めるべきでない」と明言することです。結果は間違っているかもしれません。それは事業部によるビジネスジャッジとて同じことです。法務担当者ひいては法務部門だけが、コンフォートゾーンにいることは許されません。ビジネスの当事者としてこの葛藤を経ることがきわめて重要となります（特に大きな案件において）。**法務担**

当者が、当事者として悩みながら現場と向き合っている姿勢については、誰かが必ず見てくれているものです。Cの姿勢は、法務が評論家ではなくビジネスの当事者として入場できる“切符”ともいえるものです。

二宮尊徳の有名な言葉として「道徳なき経済は犯罪であり、経済なき道徳は寝言である」というものがあります。法務に置き換えると「法務アドバイスなきリスクテイクは無謀であり、リスクテイクなき法務アドバイスは寝言である」となります。「寝言」と言われないようにしなければなりません。

【法務マネージャーアンケート回答18】

相談の背景情報やそれを聞いている本質的課題が何であるか、実行するメリットが何か、理屈と現実に乖離はないか等を一切無視して**法的理屈のみの淡白な回答しかできない担当者は不要。**

できない相談であっても代替策の検討くらい当然に行えると思うし、リスクテイクに関与しない時点で対岸の火事を見ているだけの評論家である。

【法務マネージャーアンケート回答２】

法律の字面だけを見て良し悪ししか言わないのは、最悪だと思います。相談内容が、明らかに法令に違反するのであれば、それはダメなものとして、はっきりと言わないといけないですが、ではどうすればいいのかの解決策を示す、またはそれを現場と一緒になって考えることは最低限必要だと思います。少なくとも現場は助けを求めて来ているわけですから、ダメと言って切り捨てるのでは、二度と現場は相談には来ないと思うべきであり、そんな職能は役立たずだから要らないと言われることになると思います。

～後略～

【法務マネージャーアンケート23】

検討結果（選択肢）を並列で示すのではなく、１つの方向性を示す。法務部員である前に所属企業の従業員なので、所属企業にとってのベストな解を具体的な提案に落とし込む。スタンドでヤジを飛ばす法務部員であってはならない。**グランドで一緒に戦い、責任を取る法務部員であるべき。**

【弁護士アンケート回答22】

法務担当者として事業部からの相談内容に対する回答を行う際には、法務リスクだけを指摘して事業部の方々がやりたいことに単にブレーキを掛けるだけの対応に終始することは厳に避けるべきであり、常に、あり得るリスクを踏まえたソリューションを提供することができるように検討する姿勢が重要と思料。

【弁護士アンケート回答17】

法務担当者は、法的なリスクやベネフィットというフィルターを通して、事業部門のビジネスニーズを具現化する役割を担っていると理解しています。ガーディアンとしての役割ばかりが前面に出ては企業内組織として信頼を得にくくなるでしょうし、ビジネスばかりが前面に出ると法務の存在意義が失われてしまいます。この両者の重点の置き方は、各企業、さらには法務担当者によって特色が出ると思いますが、常に両者に目を配ることが法務担当者に求められていることは間違いないと思います。

【法務マネージャーアンケート回答26】

「だから言ったじゃないか，それみたことか」というのは、法務担当者として愚の骨頂（経営感覚を少しでも持っていれば、このことが、ディールブレイクによる機会損失や賠償というかたちで経営数字に表れることは理解できるはず）。

社員間に法務力が浸透し、レベルが上がってくると、法務担当者に相談することのほとんどは、判断の難しいグレーゾーン。時には清水の舞台から一緒に飛び降りる覚悟も必要。

Column　「リスクテイクしない法務」劇場

以下、すべて架空の話です。

ある企業の取締役会で、重要な海外の設備投資案件の議題が上がっていた（この設備投資をしないと今後３～５年の製品供給ができなくなることは確実視されている）。

社外役員：今後その国で環境規制が強まり、想定どおり設備が稼働できなくなるリスクはないでしょうか。

事 業 部：その規制が入る想定は極めて低いと考えています。複数の弁護士にも確認しました。
社外役員：法務はどう思いますか？
法　　務：弁護士に相談し、可能性は極めて低いと確認が取れています。
社外役員：でも規制が入るリスクはありますよね？
法　　務：もちろんゼロではありません。
社外役員：私はもっと慎重に検討すべきと思います。
法　　務：……。
議　　長：では再度検討ということで。
事 業 部：（法務、なんとか言えよ……）

さて、同じような経験をしたことはないでしょうか？

このケースでは、法務は完全に安全地帯に逃げ込んでしまっています。前提として、弁護士に相談して可能性が極めて低いという確認が取れています。それが正しいと思うのであれば、法務としてもリスクテイクして、事業部サイドに立って反論をすべきです（そもそも本件について法務としても、本提案に賛成のスタンスで臨んでいるはず）。社外役員から質問を受けたら、「もちろん社外役員が指摘されるようなリスクはありますが、そのリスクは極めて低いと法務も考えていますし、設備投資しないことによるリスクも計り知れません。この案件は法務としても進めるべきだと思っています。」とはっきり言えば、事業部からすれば「法務あっぱれ！」ということになります。

実際、このような場面で社外役員に反論することは、かなりの勇気がいります。もし本当にリスクが顕在化したら自分の責任問題につながりかねないので及び腰になってしまうでしょう。しかし、このような場面こそ、**法務が踏ん張って反論することが、法務の存在意義そのもの**だと思っています。もしここで反論できないようなら、そもそも取締役会に上げる前に反対すべきでしょう。

今回の指摘は法的な問題に対するものです。その時、法務が反論しないで誰がするというのでしょうか？

5　その他法務担当者が取るべき姿勢・行動事例集

ここでは、法務担当者が取るべき姿勢や行動事例を、ランダムに列挙します（主に私がこだわってきたことばかりですが）。

普段の業務を淡々と行うのではなく、味付けを変えるためのスパイス的な意味合いで行っていけば、法務担当者としてのプレゼンスが高まるはずです。

✓ 現場が本当に困っている時は全身全霊で助ける

事業部でトラブルが発生し、法務に相談に来るケースはしばしばあります。その時、平時の契約書チェック依頼時と同じような対応をしていてはいけません。大きなトラブルであればあるほど、その担当者は困っているはずです。そういう時には全身全霊で助ける、サポートすることがとても重要です。案件によって対応方法が異なりますが、たとえば、法的リスクを伴う重大案件において、以下のような対応を迅速に行うことが理想です。

法務担当者：では30分後（※1）にミーティングをしましょう。今回の案件で関連する人事部と広報部にも声をかけておきます（※2）。（事業所が近い場合）リモートでも可能ですが、案件が案件だけにそちらに伺いますよ。

事業部担当者：早急に対応いただいて感謝です。あと、こちらに来ていただけるとのことで助かります。お見せしなければならない資料が多くてどうしようかと思っていました……。

法務担当者：このミーティングで案件の事実や経緯の整理をし、課題としてまとめて、本日中に弁護士との面談も入れたいと思います（※3）。その時に同席していただいてもいいですか？

事業部担当者：本日中に弁護士に相談できるなんて思ってもみませんでした。今後どうしようか途方に暮れていたので本当にありがたいです。

法務担当者：とんでもないです。会社としても早期に手を打つ必要があります。明日には経営陣にもきちんと報告できるようにしましょう。難しい案件ですが、本社サイドでも全力でサポートします（※4）。

事業部担当者：ありがとうございます！　明日に報告ですか。こんなに早く動けるなんて本当に頼りになります。

このケースでは、まず事業部担当者に不安を解消してもらうことが重要です。

その意味で、**※1**のように、できるだけ早くミーティングを設定する必要があります。たとえば、連絡が午前9時に入ったとして、午後にミーティングを設定してもよいのですが、それでは普通です（事業部サイドが午後でなければ対応できない場合は当然除きます）。**法務としては全身全霊でサポートするという姿勢を行動で示しましょう。**

※2の点について、この段階で、すでに法務がハブとなって、関係する部署と連携させることが大切です。事業部にとってはワンストップサービスとなるからです。決して「法務とのミーティングの後は人事部と広報部と調整してください」なんて発言はないようにしないといけません。

本ケースは法的リスクを伴う案件なので、弁護士の見解も取得する必要があります。普通なら弁護士の都合もあるので翌日にミーティングを設定しようと思いがちですが、このような時にすぐに連絡できる関係性を普段から構築しておく必要があります。また、今日連絡して今日ミーティングというのは、さすがに弁護士も先約が入っている可能性があるので、複数の弁護士に依頼できる体制を取っておきたいものです。

最後に**※4**の発言について、これも事業部担当者の不安を解消させるためのものです。これから**「同じ舟に乗る」という意思表明**です。このような発言をすることによって、法務担当者自身に発破をかけることにもなります。

普段からこのような姿勢で臨んでいる方もおられると思いますが、おそらくそういう方は事業部からの大きな信頼を獲得できているのではないかと推測します。

案件がうまく片付いた場合（もしくは片付かなくても）、事業部担当者は、その後心強い味方になってくれるはずです。多少法務から事業部の提案に対し、固いことを言ったり、NOと言ったりしたところで信頼は揺るがないと思います。

相手が困っている時ほど、全身全霊で、早く、大きく動くということを意識してください。

Column　法務はコンフォートゾーンに安住しやすい部署？

法務に相談する経営者や事業部は、法的な専門性は高くないことがほとんどです。よって、法務担当者が出すコメントや見解について正しいのか間違っているのか、通常、判断はできません。間違った見解を出してしまったとしても、気づかれないことが多いのです。他部署と比べて、間違いやミスがあっても気づかれにくい環境といえます（ごまかそうと思えばごまかせてしまう環境）。

また、何か困ったことがあれば、弁護士という心強い味方がいます。事業部から困難な宿題を投げられても、丸投げしようとしまえばできてしまいます（当然、このような姿勢は弁護士から評価されませんが）。法務としての説明責任を果たす場合でも「弁護士見解は○○です」と言っておけば、まず大怪我することはありません。

このような環境下において、リスクテイクせず評論家を決め込んでしまえば、完全なコンフォートゾーンの出来上がりです。私はここに安住することを「ダークサイドに堕ちる」と言っています（映画の「スターウォーズ」を見ていない方には理解できないと思いますが……）。ダークサイドに陥ってしまったら、アナキン・スカイウォーカー（ダース・ベイダー）のように、元の状態に戻ることは非常に難しくなります。ダークサイドの誘惑は、徐々に、知らず知らずに忍び寄ってきます。もし、日々の業務において、常に順調で、悩むことがないような場合、ダークサイドに一歩入ってしまっている可能性があります。易きに流れず、常に自分を律して厳しく仕事に向き合うことが最大の予防策となります。是非ジェダイの騎士を目指しましょう（スターウォーズを知らない人に対しては重ねて申し訳ありません……）。

✓ 事業部への安易な迎合をしない（NOと言うべき時は断固としてNOと言う）

本書で重視しているように、経営者視点や事業部視点を持つようになり、かつ事業部との信頼関係を深めようとコミュニケーションを密にすると、どうしても立ち位置が事業部寄りになってしまいます。本来であればNOと言うべきところを、事業部に過度にシンパシーを感じて言えなくなってしまったり、事業部にうまく丸め込まれたりするリスクが出てきます。

法務としてリスクテイクする姿勢については非常に評価すべきことです。

しかし、リスクテイクすることが重なって、事業部から評価されるようになると、事業部に「いい顔」をしよう、嫌われないようにしようとして、法務としての評価が甘くなってしまうことがあります。このあたりのバランスを取ることは永遠のテーマであり、私自身を振り返っても、迎合してしまっていた時期があったかもしれません。

安易な迎合を防ぐ対策は難しいですが、迷った時には弁護士や上司はもちろんのこと、法務部門の他のメンバーの意見を幅広く聞くことが有効ではないかと考えています。

以下、この点に関連した弁護士アンケート回答を示します。

【弁護士アンケート回答24】

法務の観点のみからのアドバイス（部外者かのように法的なリスクのみを殊更に強調し、ビジネスを踏まえないアドバイスをする等）をしていては、適切な答えを導けないし、事業部の信頼も得られない。

逆に、過度に事業部に迎合するようなアドバイスをしていては、適切に法的リスクをヘッジできない。ビジネスに寄り添う姿勢・観点と、ビジネスや経営とは切り離された客観的な観点のバランスが悪いことは問題である。

【弁護士アンケート回答18】

事業部の伴走者であるべきであるが、事業部の奴隷にも、阻害者にもなってはならない。

あとは、法務としてNOという結論が、全社視点、ステークホルダー視点に立っても正しいと思う時は、断固とした姿勢でNOと言うことが重要です。言い淀んでしまうと迫力にも欠けますし、自信のなさが相手に伝わってしまいます。ただ、法務部門を完全に敵視していたり、事業部に強面の偉い人がいたりすると及び腰になってしまうことも多いかと思います。**自分たちの判断が間違っていないと思うのであれば、相手を正視し、腰を落ち着かせ、まっすぐな気持ちでNOと言いましょう**。これには勇気と胆力が必要で、一定の経験を重ねることが必要となります。大きな案件でNOということは相当のエネルギーを消費します。**小さな案件でNOという経験を積んでおく**ことが肝要です。

【弁護士アンケート回答１】

法務はどれだけめんどくさがられても、シツコイと言われても「慎重さ」は重要と感じます。

経営者マインドを持ち、大胆な馬力を持ち、猛スピードで業務を処理しながらも、最後は「正確で慎重で常に安全サイドで考えられること」（≒経営や事業部に『NO』といえる胆力）が大事だと感じます。

嫌われることを恐れてはなりません。

事業部にNOという場合、それまでのプロセスで事業部とすでに揉めてしまっていることがあります。ここで大切なことは、法務としてのプライドや面子等で意地になってしまっていないか、「事業部は法律に無頓着でまったくわかっていない」と上から目線になっていないかをチェックすることです。法務としての判断能力が落ちている可能性があります。また、このような姿勢が見え隠れしてしまうと、NOと言う時の説得力が激減してしまいますし、その後の信頼回復には相当の時間を要してしまいます。

【法務マネージャーアンケート回答25】

法務部門は、「本社部門」というカテゴリーに分類されるからなのか、会社のビルの上層階にあるからなのか、どこか上から目線である。上から目線の意識は、無意識のうちに表情や口調に表れる。だから、法務部門は近寄り難い存在だと思われがちである。

営業の人は営業のプロ、工場の人は製造のプロ、それらの領域において法務は素人である。会社は役割分担であり、本社部門が上、事業部門が下、ということはない。お互いにリスペクトすることが重要である。それが信頼関係を醸成し、良いアウトプットを生み、法務の存在意義を高めることにつながる。

最後に、**NOはなるべく早く言う**ことです。インテグリティ経営の推進者として有名な中山達樹弁護士によると**「ちゃぶ台は日に日に大きくなるので、小さいうちにひっくり返すべき」**と言っています。案件の初期段階でちゃぶ台をひっくり返す（＝NOと言う）のと、ほとんど詳細まで詰めきった最終段階でひっくり返すのでは大きな違いがあります。事業部の立場からは

「今さら言うな」という思いでしょうし、法務としても案件の最終段階でNOを言う場合にはかなりのカロリーを消費することになります。そして何より会社全体としても経営資源の大きなロスとなってしまいます。ちゃぶ台は小さなうちにひっくり返しましょう。

✓　弁護士の見解に安易に乗っからない（＝自分の意見をもつ）

たとえば、事業部と新規事業を推進するための打ち合わせを済ませ、法的な論点を整理した上で、非常に信頼している顧問弁護士に相談するケースがあったとします。法務部門内の会議にて、当該案件は進めても法的リスクはほとんどないという結論でした。その答え合わせのための弁護士相談だったのですが、弁護士の結論は意外にも「進めるべきでない」というものでした。

ここで、態度を180度変えてしまって「進めるべきでない」と事業部にフィードバックしていないでしょうか（弁護士の回答が筋の通った完全に納得のいく場合は別として）。今回のケースでは、法務部門内の会議でも進めても問題ないという結論が出ているので、大きく的を外しているとも思えません。

問題となるのは「あの弁護士が言っているから」と思考停止になったり、弁護士と違う見解を出すこと自体に躊躇してしまったりすることです。振り返ると私もついついやってしまっていたことがあります。ただ、これをやってしまうと、自分に考えがないと言っているようなものですから、法務担当者は単なる仲介屋になり下がってしまいます。事業部からも見透かされるでしょう。

このような場合、弁護士にきちんと質問を重ねるべきです。弁護士としても立場上、法的リスクが少しでもある場合はポジティブな発言をすることに躊躇するものです。信頼している弁護士でも、時には評論家的なコメントをすることもあります。そこをこじ開けるために、「我々は○○と考えて、進めて問題ないと考えていますが、本当にダメでしょうか？」「先生の考えも理解できますが、少々保守的過ぎませんか？」「先生が事業部の立場ならどうしますか？」等と、弁護士を当事者側に引き入れるために、言葉は悪いですが、追い詰めるような質問をすることが大切です（もちろん、筋の悪い案件を強引にYESと言わせることは論外）。そこまでして結論が変わらなければ、同意して考えを改めるか、釈然としないのであればセカンドオピニオンを取ることになるでしょう。

【弁護士アンケート回答20】
上司が言っているから、外部専門家（弁護士等）が言っているから、という理由だけでそのまま思考放棄して採用することも基本的にはNG。
専門家も絶対ではない。適切に自分の頭で理解して、腑に落ちない／理解できない事項は放置せず、質問／確認することがとても重要。

【弁護士アンケート回答18】
弁護士等外部専門家を起用する場合でも、右から左、左から右にならずに、自分で考え、勉強し、質問を事業部に対しても弁護士に対しても行える質問力を持つこと。

【弁護士アンケート回答24】
弁護士に投げてそれで自分の仕事は終わり、法務部長がこう決めたから何も考えずにそれに従う、というのは問題。常に、自分の頭で“それで正しいのか、よいのか”を考え、その意見を弁護士にも上司にもぶつけることが、より良い答えを導き、また自らの成長を促す。～後略～

【弁護士アンケート回答７】
事業部の説明を鵜呑みにすること、及び、外部弁護士の説明を鵜呑みにすることも厳禁。つまり、自分の頭で、契約事実や紛争事実を再構成することが重要。

✓　圧倒的なスピード

普段あまり意識しないかもしれませんが、**スピードは、大きな差別化を図ることができ、信頼を獲得することができます。それも圧倒的なスピード対応をした場合、相手に感動を与えることもできます**。それくらい重要な要素であることを忘れないでください。

通販の世界でも、以前は発注してから品物が届くまでに数日かかることが当然でしたが、Amazonが翌日配送を実施し、多くの顧客を獲得しました。

物の値段だけでなく、スピードも顧客獲得に大きく貢献したことになります。

法務担当者としても、法律知識や契約書審査能力がまったく同じでも、スピードによって差別化が図られることになります。どの世界でも、依頼者は、依頼したものが早く仕上がったり、届けられたりすれば喜ぶものです。依頼者にとっては早く成果物を手にすることができ、法務担当者の評価も上がるので、まさにWin-Winとなります。

ただ、すべての業務をスピード対応、つまりトップギアに入れたまま対応すると体を壊してしまいます。ここぞという時にだけギアを入れるような緩急をつけることが重要です。

たとえば、事業部が経営者から急ぎで対応を依頼されているような案件では、最優先で対応したりすることです。間違っても、すべて依頼された順番どおり対応しないことです（これはこれで公平で美しいかもしれませんが）。

また、良い意味で相手の期待を裏切ることです。通常数日かかると相手が予想している時に、2時間後に回答すれば感動を与えることができます（翌日であれば感動まではいかない）。その相手との信頼関係が構築できていないと感じた場合、このようなスピードを武器にして信頼を獲得することも有効です。

ちなみに、企業法務業界全体において、転職が非常に多くなっています。もし転職する機会があった場合、はじめのうちは、他のどのメンバーよりも時間があることが通常なので、契約書チェックが回ってきたら圧倒的なスピードで回答できるチャンスです。忙しくなる前に事業部の信頼を獲得することが可能となります。

「拙速は巧遅に勝る」。私が好きな言葉です。私は30代後半から40代前半にかけて、経営者が書いた本や自伝を読み漁りましたが、（私の記憶では）ほとんど全員がこのような考えでした。走りながら対応し、走りながらPDCAを回して環境に適した対策を打っていくことが重要と考える経営者が多いということです。環境変化が激しい世の中で、何日もかけて検討している間に状況が一変してしまうこともあるからです。

もちろん、スピードを犠牲にしてでも、じっくり検討が必要なケースはあります。「拙速は巧遅に勝る」はあくまでも原則論です。じっくり検討を要するケースでも、以下の弁護士アンケート結果の回答のような対応をすることが理想です。おそらく有能な法務担当者の多くが同様の行動を取っていると思います。

【弁護士アンケート回答18】
100点の答案を１週間とか長期間かけて返そうとするのはダメで、80点の答案を１日で返し、その後100点に近づける方がよい。

なお、相手の要求に応じてスピード対応を続けると、事業部が勘違いして「法務に今日依頼すると明日に回答が返ってくる」と思うようになり、前日に契約書チェック依頼をすることが当然のようになってきます。ここは法務部門全体として期限のルールを決めて、徹底する必要があります。

最後に、スピードに関連して、信頼を落としてしまう、ついやってしまいがちなことを付記しておきます。

図1-9をご覧ください。業務について、縦軸を緊急度、横軸を重要度とする図です。右上の象限については、何も言われなくても誰もが優先的に行うので問題になることはありありません。**問題となるのは、左上の重要度は高くないが緊急度が高い業務**です。たとえば、重要案件ではないが回答期限が短い契約書チェック業務、事業部からの簡単な照会に対する回答、ミーティングの日程調整の返信、お礼のメール（たとえば前日に他社にヒアリングに行ったお礼等)、交通費の精算等、日々の細かな業務において、ここに分類されるものは非常に多いです。忙しさにかまかけて、**このような業務をおろそかにすると、自身の信頼がみるみる減っていく**ことになります。実は、これは私の経験に基づくもので、本当に忙しい時、どうしても右上の業務に集中してしまい「重要な仕事への対応で忙しいし、これくらい許されるだろう」と、すぐに処理すべき業務をどんどん後ろ倒しにしてしまった時期がありました。

その時どうなったか？　当然のことながら「仕事が遅い」「基本的な業務をおろそかにしている」という評判がついてしまい、多くの人からの信頼を失ってしまったのです。自分としては、仕事のスピードには自信があり、会社として最重要な業務をテキパキと処理してきたつもりでしたので不本意でしたが、ある時期に悔い改めて左上の業務を処理することを優先するようにしました。右上の業務はそもそも放置できない業務ですので、最後は帳尻を合わすことになるので、左上の業務を優先したからといって問題になることはありませんでした。

それほど業務が立て込んでいない時に、このようなことは起こりにくいのですが、多くの仕事が同時に舞い込むことは誰しもあることだと思います。その時に私の失敗を思い出して、同じことをしないようにしていただければと思います。

図1-9 緊急度と重要性の４象限

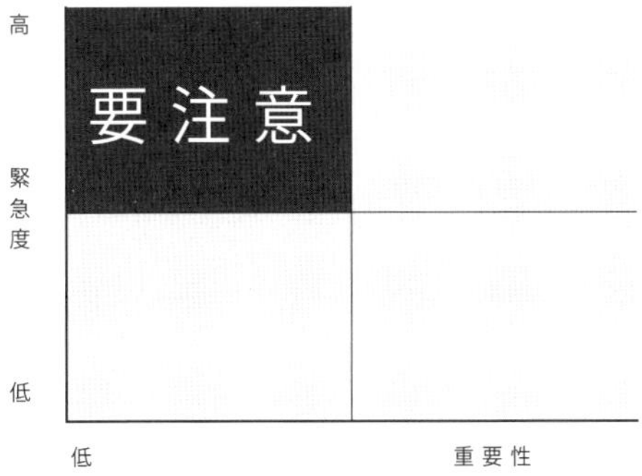

✓ 契約交渉に立ち会う

私は、契約交渉にはできるだけ立ち会うことを勧めています。もし契約交渉に立ち会ったことがない場合、頼んででも立ち会うべきという考えです。

契約交渉に立ち会うメリットとしては以下のものが考えられます。

- □ 契約交渉の内容の詳細がわかるので、その後のドラフティングや契約書の修正がやりやすい
- □ 現場感覚が身につく
- □ 現場からビジネスの当事者として認識してもらえる

□ 度胸がつく

デメリットとしては、法務担当者が言質を取られてしまうと契約の修正がききにくいことや、交渉の場で余計なことを話してしまって逆に現場から煙たがられることがあります。

私としては、法務担当者の信頼を高める上で、メリットの方が大きいと考えており、どんどん立ち会ってほしいと思っています。法務担当者が契約交渉に立ち会うようになると、会社全体の契約交渉の質も高くなっていくのではないかと思います。

✓ 令和ヘッドに昭和ハート

「我慢」「忍耐」「努力」「熱意」「根性」「気合い」「がむしゃら」……。聞くだけでも暑苦しくなる言葉ですが、昭和時代のオヤジが好きそうな言葉を集めてみました（私もかなりシンパシーを感じてしまいます）。本書の読者はもう少し若い世代かと思いますので違和感があるかもしれませんが、信頼される法務担当者になるためには重要な要素となります。

特に経営者や事業部のキーパーソンが50代以上の場合、このキーワードのような価値観に基づく行動をすると好感度が跳ね上がることは間違いありません。若くなればなるほど、このような行動をする人が少なくなり、50代以上の世代の人たちにとっては、自分たちの価値観を理解する数少ない若者になるからです。非常に希少価値があり、信頼を獲得するには手っ取り早い方法といえます（ただし、本書は処世術を推奨しているわけではありません）。

また、実質的にも、昭和時代の価値観は、厳しいビジネス環境や競争に対応していくために必要となる普遍的な要素ともいえます。これはビジネスパーソンである法務担当者も同様です。「我慢できない」「忍耐できない」「努力しない」「熱意がない」「根性がない」「気合いが入っていない」「がむしゃらさがない」姿勢で仕事をして、はたして良い仕事ができるでしょうか。周りの信頼を獲得することができるでしょうか。少なくとも**私はそういう人を信頼しませんし、そういう人の成果物も信用しません。**

私は「成長≒しんどいこと」、つまり、成長度合いはしんどさの度合いと比例していると考えています（だいぶん、昭和的な物言いになってきました……)。筋トレ一つ取っても、筋肉に負担をかけないと筋力アップは期待できないですし、法律知識も地味で辛いインプットのプロセスを経ないと習得できないのです。昭和時代の価値観も評価すべきところはたくさんあると思っています。

しかし、昭和時代の価値観のまま働くことは今の時代にマッチしません。**大事なことは、昭和時代の価値観の良いところは残し、令和時代の要素を加えてチューンアップすること**です。「働き方改革」「ワークライフバランス」「産休・育休」「フレックスタイム」「テレワーク」「ダイバーシティ」「SDGs」等の価値観を取り入れていくことは欠かせません。さらには、DXやAI（特に生成AI）を駆使して、短時間で良質なアウトプットを出す力も求められていくことになります。

昭和時代の価値観だけでは時代に適合せず、令和時代の価値観だけはあまりに淡白です。双方の「いいとこ取り」をして、コミュニケーションすることが求められます。

イギリスの経済学者アルフレッド・マーシャルの有名な言葉に「クールヘッドにウォームハート」というものがあります。頭は冷静に心は温かくという意味で、経済学以外でもさまざまな場面で引用されています。私はこれをもじって**「令和ヘッドに昭和ハート」が法務担当者ひいてはビジネスパーソンがもつべき心構え**と考えています。

✓ 時にはアナログコミュニケーション

アナログコミュニケーションを重視することは、昭和時代の象徴的な価値観の一つです。コロナ禍において、リモートワークが普及しており、なおさら古臭さを感じてしまいます。

ただ、アフターコロナにおいて、GoogleやMetaのような巨大IT企業を含め、出社による勤務を奨励している企業が増えてきています。その意味では、**アナログコミュニケーションもあながち昭和的ではない**かもしれません。

これだけリモートワークが普及しているので、アナログコミュニケーション中心に戻すことは難しいでしょう。ただ、アナログコミュニケーションが非常に効果的な場面もあります。それは、ここぞという勝負の時です。もっとも典型的な場面は、事業部にNOと言う時です。比較的小さな案件の場合ではリモート会議でも問題ないかもしれませんが、重要案件の場合、膝詰めで対応した方が後々の信頼関係を考える上では得策です。これも若い世代の人には考えにくいことかもしれませんが、年配の人（私を含め）は、リモートで済むところをわざわざ会いに来て説明しに来てくれたとプラスに評価することが多いです（もちろん違う考えの人もいると思いますが）。また、リアルのよいところは、会議が終わった後のフォローが非常にやりやすいことです。オフィシャルな会議で、法務として強くNOと言って終了した場合、直後に事業部のキーパーソンを捕まえて「先ほどの会議ではキツく聞こえたかもしれません。」等のちょっとした気遣いをすることが可能です。リモートだとわざわざ電話をかけたりする必要があるので、ハードルがかなり高くなります。

前述の現場が困っている時も、リアルで面談した方がより信頼を獲得することができます。リモートによるコミュニケーションをベースとしながらも、要所々々においてアナログコミュニケーションを取り入れるとよいでしょう。

また、事業部との日ごろの信頼関係構築という意味において、要所だけでなく、意識的にリアルで会っておくことをおすすめします（たとえば3回や5回に1回程度はリアルで会議をする）。リモートオンリーでも事業部との信頼関係は構築できますが、大きな利益相反を伴うケース、つまりNOと言うべきケースでは、意外に脆く崩れるかもしれません。

✓ 自分で考えて行動する――指示されたら負け

指示されたことしかやらない、職務記述書に記載がないのでやらないという人がまれにいます。

言葉は悪いですが、これでは**指示とか職務記述書などの“スイッチ”を押さないと動かないロボットと同じ**です。今後、ChatGPTに代表される生成AIに仕事を奪われてしまうことになります。

私は自分が担当する業務について、**上から指示をされてしまった場合、そ**

の時点で「負け」と思っています。なぜなら、その分野では上司より自分が情報を持っており、一番詳しいはずだからです。指示があろうがなかろうが、その案件に一番詳しい担当者が自ら考えて必要な行動を自ら取ることが求められています。考えた上での行動が、自身の判断で実行できるものは実行し、上司の判断を仰ぐ必要があるものは承認を得てから実行することになります。案件に一番詳しい担当者が何もせず、オプションも提示しないのであれば、限定された情報しか持っていない上司が指示を出すことになります。これでは上司が間違った判断をする可能性が高まりますし、たとえば10人の部下を抱える上司で多くの部下が指示待ちの姿勢の場合、案件１つひとつの情報を精査する必要があり上司がパンクしてしまいます（もし指示されたことしかやらないことの原因が上司のマイクロマネジメントにある場合、それは部下の自主性や自分で考えることを放棄させてしまうので改善が必要）。

法務担当者は、法務部門のミッション、自社の状況、事業部の状況、担当している案件の性質や重要性について総合的に勘案し、自ら考えた上で上司と向き合うことが肝要です。このような癖をつけないと、事業部からイレギュラーな相談を受ける度、「上司に確認します」という回答をすることになります。単なる仲介屋と思われてしまう可能性があります。

✓　口が固いこと

法務部門は機密情報が集まる部署です。**口が軽いと情報が入ってきません**し、そもそもビジネスパーソンとしての信頼も揺らぐことになります。

ありがちな罠は、口外してはいけないこと、他人から口止めされていることについて、それを知っている人から「◯◯の件、知っていましたか？」と水を向けられた場合、その話題に乗っかってしまうことです。このような時は「その話は初めて聞きました」と言うことが正解です。自分から積極的に話したわけではないものの、聞いた人が半信半疑のことも多く、話に乗っかった段階で相手の「確証」に変わってしまうことになります。その相手が口止めした人に話してしまう可能性もあります。結局、秘密を喋ったと同じことになります。「口は災いのもと」です。

✓ 恩は与え続け、受けた恩は必ず返すこと

法務業務をしていると、困った事業部を助けるために急ぎの対応をしたり、無理難題を押し付けられ何とか帳尻を合わす対応をしたりすることがあると思います。事業部の人が普通の感覚の人であれば、相応の感謝の言葉があるのですが、「法務であれば当然の仕事」と考えて、その一言がない場合もあります。お礼を言われるために仕事をしているわけではありませんが、言ってもらった方が疲れもとれますし、これが続くとどうしてもモチベーションも下がってしまいます。

ただ、このような時も、ぐっと堪えてひたすら尽くすことをお勧めします。**「刻石流水（こくせきりゅうすい）」**という言葉を知っているでしょうか。これは私の座右の銘で、受けた恩は石に刻んでも覚えておき、与えた恩は水に流してさっさと忘れてしまえという意味です。感謝されないからといって、本来やるべき業務をやらなかったり、手を抜いてしまったりしては本末転倒です。今後の自身の成長のためにも大きなマイナスとなってしまい、誰もハッピーになりません。私はこの言葉を座右の銘にすることで、精神衛生上、良好な状態を保つことができています（どうしても、受けた恩はさっさと水に流し、与えた恩は石に刻んでも覚えているような人が一定数いますので（笑））。

以上のほか、**受けた恩があれば必ず返す**ようにしてください。恩の返し方としては、本来の法務業務で倍返しする、ご飯をおごる、近い時期に出張に行く用事があれば「先日はお世話になりました」とお土産を手渡す等、いろいろな方法があります。恩については、貸借対照表のごとくバランスさせることが大事です（貸しは多い状態でもよいですが）。間違っても負債が多い状態は避けるようにしないといけません。信頼を徐々に失って債務超過になってしまいます。

Column 「会議でのピンチを乗り切る方法」

さまざまなプロジェクトに法務担当者が呼ばれることがあります。

最初の会議までに関連資料を読み込み、想定される法的リスクを調べておくことが法務担当者としての基本姿勢となります。

いざ会議が始まり、運悪く、調べていなかった法的リスクの質問があった場合、皆さんならどうするでしょうか？（会議の席には役員はじめキーパーソンがずらりと並んでいます……）

「しまった！ヤバい!!」と焦ってしまい、「えー、そうですね、その点につきましてわぁ……」と煮え切らない回答をしてしまうことも多いと思います。こうなってしまえば、「この法務担当者は大丈夫？」と周りからの信頼が低下してしまいます。

他の業務も抱えているので、すべての論点を調べ尽くすことは不可能です。回答できないことがあっても恥じることはありません（ど真ん中の法的リスクの質問に答えられなかったら話は別ですが）。

そのようなピンチには「申し訳ございません、その点につきましては早急に調べてフィードバックします」と**即答し、会議終了後、即座にフィードバック**することが得策です。

このような対応で、逆に評価されることも多いと感じます。

ピンチをチャンスに変えていきましょう。

6 まっとうなビジネスパーソンであること

「企業法務パーソンは、法務を最も得意とするビジネスパーソンを目指そう」という言葉に感銘を受けたことはすでに触れました。ここには、当然ながら“まっとうな”ビジネスパーソンであるということも含まれています。法務担当者は気を抜いてしまうと、つい専門家気取りになり、まっとうなビジネスパーソンであることを忘れてしまうことがあります。

ここでは、まっとうなビジネスパーソンになるにはどうすればよいのか、法務担当者が留意すべき点について説明します。ちなみに、これから説明することも、やろうと思えば明日からできることばかりです。もし本項で述べることがすべてきちんとできれば、法務担当者として一目置かれ、経営者や事業部に大きな信頼を得られることは間違いありません。ちなみに、私はすべてきちんとできている自信はまったくありません……。自分のことを棚に上げていることが多いです。ただ、常に「こうありたい」と意識して仕事をしています。

✓ 当たり前のことができること

逆に言うと、当たり前のことができていない人が多いということになります。

以下、人材育成分野において数々の著書がある中竹竜二氏（元・早稲田大学ラグビー蹴球部監督）の言葉を引用します[4)]。

> 「社会人をある程度の期間経験したことのある人ならばお分かりであろうが、日々の一般の業務の中で、特別専門的な知識やスキルを使う割合というものは、実は非常に少ない。……医療専門家や法律専門家であっても、本当に専門家でなければできない仕事を朝から晩までやっているわけではない。日々の多くは、誰でもできる作業で占められている。分かっていることを確認する、お客や同僚に連絡をとる、会議の準備をする、作業の計画を立てる、業務の報告をする、相談するといった類のものが大半である。」

日々の業務の多くを占める、誰でもできるような当たり前の仕事をどれだけきちんとこなせるかが大事になってきます。専門性が高い職についている人ほど、誰でもできるような仕事をする時間があれば、もっとレベルの高いことに費やしたいと思ってしまいがちです。これが典型的な法務担当者の失敗パターンであり、「法務馬鹿」への入口となります。

誰でもできるような仕事は、ビジネスの基本動作でもあります。基本動作ができない人はビジネスパーソンとして失格であることを強く認識する必要があります。もし自分に当てはまると思えば、すぐに書店や図書館に行ってください。ビジネスの基本動作に関する自己啓発本が山ほど並んでいるは

4）　中竹竜二著『リーダーシップからフォロワーシップへ』（CCCメディアハウス、2018年）

ずです。新入社員向けの本や営業担当者の初級者向けの本でもよいでしょう（実はベテラン社員でも、基本動作ができていないことは多いです）。

✓　「ありがとう」と「ごめんなさい」が言えること

これは法務担当者ひいてはビジネスパーソンとしてというよりも、人としてきわめて重要なことです。

実は、「ありがとう」と「ごめんなさい」を言えない人が本当に多いです。ただ、世の中に悪い人はそれほどいません。思っているのに、それを表明しないケースが多いと感じています。これはとてももったいないことです。

▶―「ありがとう」と言えているか

たとえば、以下のようなケース（メールのやり取り）です。

私　：昨日ご依頼いただいた件につきまして、添付ファイルのとおりポイントをまとめました。追って打ち合わせをさせてください。

相手：了解しました。
では◯月◯日13時からリモートで打ち合わせをお願いします。

このケース、結構多く見受けられます。相手の方は最初に「ありがとう」と言うべきところです。おそらく対面であれば、ほとんどの人がお礼を言うと思います。メールの場合、社交辞令的なことを省くことが一般化しているのか、単に照れくさいのかはわかりませんが、「ありがとう」を省いてしまうケースを散見します。

どんな仕事でも一人で完結できることはほとんどありません。他の人の何らかのサポートやフォローがあって、初めて自分の仕事ができるということを忘れてはいけません。知らず知らずのうちに恩恵を受けていることも多いので、誰かと話す度、メールを打つたびに、感謝すべきことはないかどうか、確認する癖をつける必要があります。

タクシーに乗った後に運転手さんへ、飲食店で食事を提供してくれた店員さんへ、法律事務所でお茶を出してくれた事務員さんへ、「ありがとうございました」と言っているでしょうか？　かくいう私も以前は言えていませんでした。ただ、ある時、これらの方はすべて自分に対して行動してくれた方であると思えるようになり、感謝の言葉を言えるようになりました。

「ありがとう」と言う回数が増えると、自然に他人への感謝の感度が高くなります。そうなると、さらに感謝の言葉が増えるという好循環になります。

▶― 「ごめんなさい」と言えているか

会議の時間に遅れた、メールの返信が遅くなった、期限までに成果物を出すことができなかった……。

このような場合、ほとんどの人はお詫びを入れていると思います。こちらの責任が明白であるからです。問題となるのは、過失割合が100：0でない時です。ビジネスのやり取りにおいて、一方だけに責任がある、もしくは責任がないということは、ほとんどありません。よくあるケースは、こちらがお願いしたことに対し相手が違う成果物を出してきたような場合です（お願いは口頭で行い、メール等には残っていないとします）。このような場合、お願いした方はきちんとお願いしたはずと思っており、相手はお願いの仕方が悪いと思っています。

ですので、ここで、お願いの仕方に問題があったのか、受け取り方に問題があったのかを議論することはまったく建設的ではありません。お願いしたものと違うものが出てきている以上、お願いの仕方に何らかの問題があったと認識し「こちらのお願いの仕方が悪く申し訳ありませんでした」と早く謝ることです。ここで謝らないとどうなるか。相手はこちらのお願いの仕方が悪いと思っているわけですから、こちらが謝らない場合、「いい加減なお願いをしておいて謝らないとは失礼なことだ」と内心思っているはずなので、信頼を損ねることになります。

大事なことは、他責にしたいことを堪えて自責にすることです。他責にしてしまうと問題は何も解決しませんし、今後の改善や成長にもつながりません。もし自責にした場合、先ほどの例においては「そもそも口頭でお願いしたのが問題だった。次回からメールでお願いしよう」とか「これからは、お願いしてから数日後に進捗確認の連絡を入れてみよう」といった自身の業務改善にもつながることになります。最初のうちは「自分は悪くないのになぜ謝らないといけないのか」と抵抗感があると思います。そこを乗り越えると違った景色が見えてくるはずです。

お詫びが絶大な効果を発揮した事例として、最近、私が経験したことを紹介します。

私は、ある会社の法務の方（仮にAさんとします）と面談するため、Aさんのオフィスまで訪問し、受付にて用件を告げました。すると、しばらくして受付の方が「お約束は明日ではないでしょうか」と、とても気まずそうに言うではありませんか。私はAさんとのメールを確認し、自分が完全に日程を間違っていたことがわかりました。受付の方には「また明日お伺いします。大変失礼いたしました。Aさんにも大変申し訳ございませんでしたとお伝えください」と伝え、退去しようとしたところ、Aさんから携帯電話に連絡が入りました。電話を受けたとたん、「木村さん、大変申し訳ございませんでした。私が事前にきちんとリマインドをすべきでした」とお詫びを入れてこられたのです。私としては当然のことながら「私が日程を間違えましたので、こちらの責任です」と返しても「いえいえ、私が確認すべきでした。申し訳ございませんでした」と自分に非があるというスタンスを変えることはありませんでした。おまけに嫌味で言っている感じがまったくなく、本当にそう思っている言いぶりでしたので、私は完全にAさんのファンになってしまいました。私がもしAさんの会社の事業部に所属していたなら、法務担当者であるAさんに大きな信頼を置くことになるだろうなとつくづく感じた次第です。

「ありがとう」と「ごめんなさい」。本当に両方ともきちんとできている人は少ないものです。一方で、心の底から感謝を述べる方や誠心誠意謝る方と出会う時があります。私はこのような方を尊敬するとともに、自分もこのような素敵な「ありがとう」や「ごめんなさい」が言えることができたらな、といつも思います。

「ありがとう」と「ごめんなさい」は、人間関係を円滑にしていく上で本当に大事なことです。いくら強調しても強調し過ぎることはないと思っています。

Column 謝ればすむ？

法務に限らず、仕事をする上でミスはつきものです。

私は、ミスは人間であれば誰でもするものなのでそれは仕方がない……と思っています（達観のし過ぎも問題ですが）。

私も大小含め数え切れないミスをしてきました。数え切れないミスをし、数え切れない謝罪をしてきましたが、即座にかつ誠意をもって謝った場合、それ以上話がこじれることはありませんでした（謝罪のタイミングが遅く、誠意がないと効果はほとんどないと思ってください）。逆に「あなたも大変だな。次からしっかり頼むよ」と慰められることが多かったように思います。

中にはプライドが高く、ミスをしてもやすやすと謝らない人がいますが、私は**ミスした後にどのように対応するかが重要**だと思います。「過ちては即ち改むるに憚ることなかれ」とはよく言ったものです。

企業の不祥事対応とまったく同じですね。

✓ 常識があること

会社の常識は世間の非常識と言われることがあります。事業部は現場の最前線に身を置いており、会社の常識が世間の非常識になっていても気づきにくいことがあります。法務担当者としては、一歩引いて、世間の常識とのズレがないかも確認していくことが求められます。**法務担当者に常識がない場合、会社による間違った意思決定をする可能性があり、ひいては非常識な意思決定をしたということでレピュテーションリスクにもつながります。**

この点、「在り方研究会報告書」においても、示唆に富む記載があります。

> 企業は法令だけでなく、顧客との契約やレピュテーションなど、さまざまな「期待」にさらされている。そのため、法務機能を担う者は、新たな事業が「法的にどうか（合法か）」のみならず、「社会から見て受容されるか（正しいか）」という基準で判断しなければならない。
>
> そのためには、法律の専門知識だけでなく、自社（あるいは自社の属する業界等）が社会でどういう立場にあり、行政、顧客、株主、地域住民等のステークホルダーからどのように見られているかを肌で実感している必要がある。

ここでいう「社会から見て受容されるか（正しいか）」や「ステークホルダーからどのように見られているか」は、まさに「世間の常識」と同義であると考えています。

常識力を養うにはどのようにすればよいか。新聞を読むこと、読書、ニュースを見る、ポッドキャストを聞く、多様な人と接する等のさまざまな対策がありますが、いずれにしても一朝一夕で身につくものではありません。鍵となるのは、知的好奇心ではないかと考えています。

ちなみに、今回実施した弁護士・法務マネージャーのアンケート結果において、法務担当者が持つべき要素として「好奇心」を挙げている方が多かったことが意外でした。

以下、好奇心というワードを使っていませんが、ほぼ同じことを言っているかと思います。

【法務マネージャーアンケート回答19】
「森羅万象に多情多恨たれ」（開高健の言葉です）

確かに、好奇心があれば、法律以外の知識だけでなく、自社や事業に関連する情報や社会情勢をも貪欲に吸収することになると思います。ただ、どうすれば好奇心を持てるようになるかについて、私には答えがありません……。

7　まとめ

✓　"Every Marine a Rifleman"

本節では、経営にインフルエンスを与える法務、つまり経営者や事業部の信頼を獲得する法務担当者になるにはどうすべきかについて説明しました。おさらいをすると大きな項目は以下のとおりでした。

①法律に関する知識・スキル

②会社に関する知識
③ビジネス知識・スキル
④法務担当者としての心構え
⑤まっとうなビジネスパーソンであること

〈図1-1 （再掲）〉

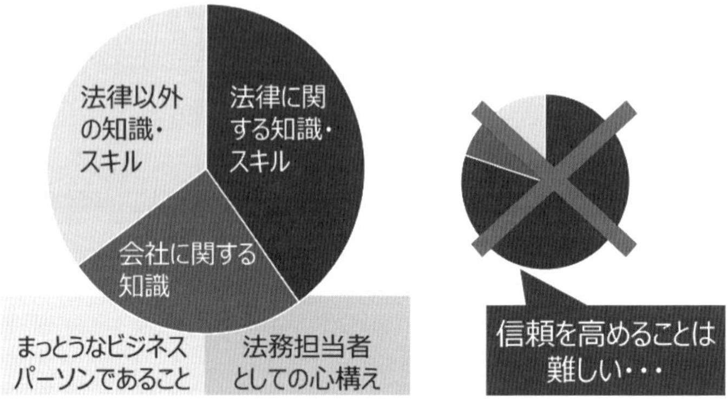

①はあまりにも当然のことなので、本書のテーマから外し、②〜⑤について重点的に説明しました。

ところで、アメリカの海兵隊の育成方針である“Every Marine a Rifleman（すべての海兵隊員はライフルマンたれ）”という言葉を聞いたことがあるでしょうか。

海兵隊は、陸海空の部隊を保有しており、どの部隊に属するにしても、全員ライフル銃を操るプロフェッショナルであることが求められます。ライフルマンが銃を持って戦車に乗り（陸）、軍艦に乗り（海）、戦闘機に乗って（空）、転戦することになります。ライフル銃を高いレベルで操ることが、海兵隊に求められる必要最低限の条件ということになります。

私はこれまで、法務担当者としての「ライフル」は法律知識・スキルだと考えてきました。本書の座談会において、その話をしたところ、参加者である少德彩子さん、倉橋雄作弁護士のお二人とも違和感を持ったようです。ライフル銃を操ることが海兵隊の最低条件と考えると、法務担当者の最低条件は単に法律知識やスキルを持つことなのか……。確かにそれでは何か足りないと考えるようになりました。

海兵隊員としての条件（Every Marine a Rifleman）を整理すると、以下のとおり分解できます。

〈海兵隊の条件〉
Ａ　ライフルを持つこと
Ｂ　ライフルをプロフェッショナルとして操ることができること

では、法務担当者の最低条件は何か。

Aは法律知識・スキルであることは間違いなさそうです。ただ、この状態は単にライフルを持っただけということになります。

前述の私の座談会での発言は、Bに該当する内容がなかったので、二人の違和感につながったものだと思います。法務担当者にとってのBの要素は何か、その後いろいろと考えました。考えるうちに、それは法務担当者としての心構え的なもの、具体的には「現場に寄り添う姿勢」と「時にはリスクテイクする」ことなのではないかと思うようになりました

〈法務担当者の条件〉
Ａ　法律知識・スキル
Ｂ　現場に寄り添う姿勢＋時にはリスクテイクする姿勢

海兵隊員は、ライフルを持ち、それをプロフェッショナルとして操ることによって実戦に臨みます。法務担当者は、法律知識・スキルというライフルを持ち、経営者や事業部と寄り添い、時には当事者と一体となってリスクテイクする姿勢で向き合うことによって、業務を遂行することになります。

海兵隊員は、ライフルマンという軸を持つことによって、陸海空の部隊に配属され、各地で転戦することが可能となります。**法務担当者も、このＡＢ２つの要素を持つことによって、どの会社にも通用する法務パーソンになると考えています**。間違ってもAだけの要素で通用すると勘違いしてはいけません。

✓ 信頼を獲得できることによるメリット

経営者や事業部からの信頼を獲得すると、どのようなメリットがあるのか整理したいと思います。

考えられる主なメリットは以下のとおりです（他にもたくさんあると思いますが）。

〈信頼を獲得できることによるメリット〉

- ・法務が出した見解やメッセージについて、聞いてもらえる確率が上がる
- ・NOと言った場合でも信頼度が落ちにくい
- ・敷居が低くなり、相談件数が増える
- ・案件の早期の段階で情報が入るようになる
- ・仕事が楽しくなる（互いの信頼関係のもとで仕事ができるので）

このように、信頼を獲得すると大きな効果が得られ、これによりさらに良い仕事ができるようになります。そうするとさらに信頼が高まるという正のスパイラルとなっていきます。法務担当者としてもより大きな仕事を任せられるようになり、大きな成長にもつながります。

✓ 学びを実践に――もう一度本節を読む

ここまでお読みいただいて、おそらく、「本当にそうか？　自分はそうは思わない」と疑問に思う内容もあったでしょうし、「そのとおり！　すぐにやってみよう」と共感できる内容もあったかと思います。

大事なことは、学びだけで終わらせないことです。セミナーを受けたときによくあることですが、受講後は学んだことを「明日からやるぞ！」とやる気満々であったのに、翌日以降は仕事に追われ、いつのまにか１週間、１か月、半年と経過してしまうことです。

これを防ぐにはどうすればよいか？　それは本節をもう一度読むことです。

以下、大学受験の英語教材の伝説的な名著である伊藤和夫『英文解釈教室』（研究社、1977年。現在は新装版（2017年）が市販されている。）の「あとがき」の記載の引用です。

「さて最後まできて諸君の感想はどうだろうか。参考書を買う人は多いが終わりまで読みとおす人は少ない。それだけでも諸君の熱意と努力は多とすべきであるが、これから諸君が取るべき道は２つである。１つはもう一度この本を読み返すことである。どんな書物でも１回読んだだけでその全部を汲みつくせるものではない。……最後まで読んだことで、この書物が汚れているかもしれない。しかし、２回目に読む時の苦労は１回目よりもはるかに少なく、しかも得られるものははるかに多いのである」

ちなみに、私は大学の受験勉強中、夏休みにこの本と出会い、この「あとがき」のとおり、一度読み終わってから再読しました。すると、まさに労力は半分で効果が２倍になったことを実感できました。さらにその後３度目も読んだところ、労力は３分の１で効果は３倍になったと感じました。その後、同書を５回、６回と読み続け、他のテキストをほとんど使わないようになりました。蛇足ながら、同書のおかげで、あまり得意ではなかった英語の成績が安定するようになり、私にとっては恩人ならぬ「恩本」と言っていい存在となっています（ただし、今は英語を読むことがあまり得意ではありませんが……）。

再読することによって理解度がアップするほか、実践へのモチベーション維持にもつながりますので、もう一度本節を読むことを強くお勧めします。

✓　自己認識を疑ってみる

学びから実践に至るまでの罠がまだあります。それは自己認識の問題です。

通常、学びによって自身の改善すべき点が明らかになります。そして、あるべき姿とのギャップを埋めるため、改善策を取ることになります。

ここで**大きな障害となるものが「自己認識の甘さ」**です。コミュニケーション力の例でいうと、他人から見てそれほどコミュニケーション力があるわけではないのに自分にはあると思っていたり、「コミュニケーション力に自信があるわけではないけれど、事業部との間で特段の問題は生じていない」と認識していたりするケースが多く見られます。

このような自己認識であると、本書等でいくら啓発していたとしても、行動の変化（つまり改善）が起こらなくなってしまいます。

私が考える自己認識とは「他者からの評価も加味した上で、自らを評価し自らを認識すること」[5]です。しかし、多くの人は、他人からの客観的な評価ではなく、自分だけの視点で自己評価しがちです。かつ、自分自身の評価は甘くなりがちで過大評価になる傾向があります。こうなると自己変革が起こりにくく、成長もしにくい状態になってしまいます。

一方、私が知る、**いわゆる「仕事ができる人」は、総じて自己認識が厳しい**です。「まだまだ自分は未熟だ」「尊敬する◯◯さんと比べると勉強すべきことがたくさんある」といった認識を常にします。自己認識が厳しいので、改善すべき点をたくさん見出し、対策も講じるのでどんどん成長していくことになります。その観点で、本節の内容を、一度謙虚に「自分はできていない」もしくは「できているかもしれないがもっとできるようになるには」などと考えて読むと、さらに課題が見つかるかもしれません。

5）ターシャ・ユーリック著・中竹竜二監訳『Insight──いまの自分を正しく知り、仕事と人生を劇的に変える自己認識の力』（英治出版、2019年）によると「自己認識とは自分自身と、他人からどう見られているかを理解しようとする意志とスキルのこと」。

Round Table Talk ❶

経営にインフルエンスを与える法務担当者とは

明司雅宏（サントリーホールディングス株式会社
リスクマネジメント本部 副本部長 兼 法務部長）
山内洋嗣（森・濱田松本法律事務所・弁護士）
木村孝行

木村：今回の座談会では、サントリーホールディングス株式会社 リスクマネジメント本部副本部長兼法務部長の明司雅宏さんと森・濱田松本法律事務所パートナーの山内洋嗣弁護士にご登場いただき、経営にインフルエンスを与える法務担当者についてお話を伺いたいと思います。

明司さんは、サントリーグループの法務部門のトップであり、各所で講演をされ、2020年には商事法務から『希望の法務』を上梓される等、非常に高い発信力をお持ちです。明司さんには、お会いしてから確か３度目にもかかわらず今回の企画をお願いしたところ、即OKのお返事をいただきました（笑）。山内先生は、危機管理分野で数々の重大案件を担当され、この分野での第一人者としてご活躍されています。山内先生とは弁護士になられた頃からのお付き合いで、仕事以外の場では「山ちゃん」と呼ばせていただいております。お二人とも大変お忙しい中誠にありがとうございます。

▶法務担当者が持つべき重要な要素について

木村：明司さんは、アンケートにおいて法務担当者が持つべき重要な要素において「森羅万象に多情多恨たれ」「考え抜くこと」「あきらめず、へこたれないこと」を挙げられています。まずは「森羅万象に多情多恨たれ」を重要視する背景等についてお聞かせください。これは開高健の言葉のようですが。

明司：開高健は、もと当社の社員です（笑）。私は、いろんなことに興味を持てという意味合いだけでなく、何かに巻き込まれても恐れるなというニュアンスもあるのではないかと思っています。法務はやっかいな案件に入り込むことも多いので、この数年よく使っている言葉です。

木村：今回のアンケートでも、同じような趣旨と思うのですが「好奇心」を持つべきという回答も多くありました。

この言葉を使うようになったきっかけはあったのでしょうか。

明司：世の中の動きがどうなっているかを把握していたり、流行りの映画の内容を知ったりしないと、仕事ができない時代になっていると感じています。法務担当者は、法律を理解していることは当たり前で、ビジネスも理解しなければなりません。それだけでもダメで、**世の中のことはすべてつながっているので、幅広い分野に関心を持たないと問題の解決が難しくなっている**と思っています。例えば、ウクライナ戦争やイスラエル＝ハマス紛争が起きたときに、自社ビジネスへの影響をどれだけ想定できたかという点などがあげられると思います。

山内：私は、弊所の危機管理チームに向けて「万国の書物に触れる」ということを勧めています。この本にも書いてありましたが、経営のことを知るには会計知識やビジネスの知識も必要となります。それにプラスアルファとして、できれば小説や技術に関する本まで読んでほしいと思っています。たとえば不祥事対応では事実認定能力や調整力が必要になります。法律や会計の本だけ読んでいてはこうした力は養われません。

木村：まさにお二人のおっしゃるとおりかと思います。私もいろいろな部署を渡り歩いた経験から「すべてつながっている」と実感しています。法律の知識だけでは良いアウトプットを出せないという認識を持つべきだと思います。

次に「考え抜くこと」についてお聞かせください。

明司：**「通説や判例はこうです」は誰でも言えます。**過去のことがああだから、こうだからということは仕事以前の問題といいますか、ChatGPTでもできてしまいます。そうではなくて、法律家や法務担当者の仕事は、いろんな情報があって、それを集めて余白を埋めることだと思っています。**過去に判例も前例もなく、弁護士に聞いても答えが違う場合でも解決策を導いていくのが法務担当者**ですので、そのためには考え抜いて答えを出すしかないと思います。

山内：私も同じ問題意識を持っています。単に法律書籍や官公庁のウェブサイトに載っていることを整理して提供しても意味はないと思っています。

10年前と比べて、インターネットの検索エンジンで得られる情報は、法律的なものも含めて的を射たものが増えています。判例や通説を提供するだけでも仕事になりません。弁護士はクライアントから解決策を求められるわけで、**次の１日、１週間、１か月で何をすべきかを具体的に提案すること**を私は心がけています。不祥事対応では、経験や専門的知見だけではなく、コンサルテーション力が肝になります。

木村：それは法務担当者にもまったく同じことが言えますね。

次の「あきらめず、へこたれないこと」についてはいかがですか。

明司：自分はこんなにがんばっているのに報われないとか、営業部のメンバーは夜に飲みに行っており自分はその時間に法律の勉強をして調べているのに報われないとこぼす人がいます。中にはそれが原因でへこたれてしまう人がいます。どんな修羅場があってもへこたれないというか、もっというと「どんなことが起こっても何とかなる」とどっしりと、楽観的に考えることが大事だと思います。

木村：法務に限らず、働いているとへこたれる場面はどの部署においてもしょっちゅうあります。どんな場面でも乗り越えてやろうという気概や執念を持つことは、とても大事なことだと思います。これをあまり言いすぎると昭和的でドン引きされますが。

明司：休日まで働いて残業しろということではなくて、**限られた時間の中で、できることはやる、最後のギリギリのところまであきらめない**ということだと思います。

木村：まさに「三笘の１ミリ」ですね。

山内：今のお話に関連して、あきらめず、へこたれないことは、働き方改革やハラスメント防止とは相性が悪く、両立が難しい問題です。健康を害さない範囲での仕事時間と成長は比例します。その時間をどれほど良質なものにするかどうかが本来の勝負の分かれ目なのに、そもそもやる時間が少なければ土俵にも立てません。

また、この本で強調されている「わかりやすさ」と「へこたれない・あきらめない」も実は両立が難しいと思っています。難しい話をわかりやすくすることは本当に難しく、それをあきらめてしまって、単にシンプルに、手っ取り早い表面的なアウトプットを出してしまうこともあるように思います。**要は楽をしようとしてはダメで、楽からは何も生まれません。**

木村：楽からは何も生まれない。至言ですね。筋トレも負荷をかけないと筋力アップをしないわけで、楽をして成長することはありえないと思います。ますます昭和的になってきました（笑）。

明司：決まったフォーミュラに基づいて仕事をすれば成果が出ると思っている人も多いような気がします。セミナー等をしていると「どうすれば法務部長になれますか？」という質問を受けることがあります（笑）。これは「どうすれば総理大臣になれますか？」と構造上同じ質問で、実は一定の答えといいますか、フォーミュラはあります。まずは国会議員になって、できれば自民党に入って（笑）、派閥争いに勝って、総裁選に立候補するといったものです。ただ、このフォーミュラを知っているからといって、当然ながら、総理大臣になれるわけではありません。法務担当者としての成長も同じで、このようなフォーミュラはあると思います。ただ、結局のところ、多くの人が成長したと実感するのは苦労した時なわけです。当たり前のことなのに、なぜしない人がいるのかは不思議に感じるところです。

木村：次に山内先生にお伺いします。法務担当者が持つべき重要な要素として、「ファクトの正確性へのこだわり」「『次の一手』・『次の展開』を見立てる力」「『身内』の利害調整能力」の３つを挙げられています。「ファクトの正確性へのこだわり」についてはどのようにお考えでしょうか。

山内：「ファクト」については、長らく、企業がファクトから目をそむけ、臭いものに蓋をしてしまうという矮小化の文脈において重視されてきました。しかし、私の感覚では、特に上場企業においては大手を振って矮小化や隠ぺいに走る企業はさすがに少なくなりました。今は逆に、**迎合し過ぎることによるファクトの不正確さを目にする**ことが多くなってきました。マスコミが求めている構図、経営陣が求めている構図、当局が求めている構図といったものに法務が迎合してしまっている場面をよく見ます。

　また、ファクトが不正確という場面にも遭遇します。かなり確認した後で実は数字が違いました、点検に漏れがありましたということもあります。私たち危機管理弁護士は、会社がドタバタの中で動いているということを認識したうえで、「あっ、このあたりで社内で確認ミスが生じるかもしれないな」という勘を働かせることも重要になります。

木村：正確なファクトを把握することは、法務としてもっとも重要かつ基本的な動作ですので、気をつけなければなりませんね。

明司：ファクトの話と少し外れるかもしれませんが、事業部の方がリスクを恐れるケースが多くなっている気がします。現場の方が「レピュテーションリスクがあります！」と言ったりするケースです。このような時はまず合法か違法かをまず判断して、それから冷静にレピュテーションリスクという抽象的なリスクに向き合う必要があります。

木村：「『次の一手』・『次の展開』を見立てる力」についてはどうでしょう。

山内：これは平たく言うと「リードタイムを稼ぐ」ということなんです。経営陣から明日朝までにペーパーをと言われてから作ると当然いいものはできません。**この時期にこういうリクエストが来そうだ、だから作り始めよう、予め弁護士と相談しておこう、というのが良き法務パーソン**です。結果、自らのライフワークバランスもちゃんと守ることができる（笑）。

つい先日もある企業から「社内の財務担当者から打ち合わせ要請があり、おそらく損害賠償に関する債務引当が論点になるから、予め山内さんと会計士で打ち合わせをしておいてくれる？」という指示を聞いて、さすがだなとシビれました。こういう方が木村さんのいう「宝務」です。

木村：「身内」の利害調整能力というのはどういうことでしょう？

山内：訴訟など敵対する外部者との局面では、企業は一丸となりやすいです。しかし、不正不祥事は社内で起きるため、身内の利害が一致しないので部署によって温度差が出ます。問題を起こした部署の担当役員が調査に消極的であったり、他のタスクとの兼ね合いでスタンスが変わることもあります。

会社は一つの組織ですが、法務、事業部、財務、広報、経営企画などそれぞれの立場があり、それが時として「権益」として働いてしまうことがあります。特に最近は労働規制の厳格化が進み、「もうこれ以上うちの部署から人は出せない」という人繰りに関する社内対立も多いです。そういう状況を良き法務の方は非常にうまく「黒子」として調整されます。こういう人はトップにすごく信頼されている印象です。

明司：利害調整力という点においては、事業部の人間関係、力関係、誰がキーパーソン等を把握することが前提となりますので、会社でのキャリアが浅い人はどうしても苦労することになります。ただ、これらを把握しておかないと、違うボタンを押してしまうことになります。私は若い頃先輩によく「誰がキーパーソンかを把握しておけ」と言われました。長く事業部を担当しているとキーパーソンとの信頼関係もできるので、調整もしやすくなるのですが、担当が変わるとまた苦労することになります。先ほどの話ではないですが、そこであきらめてはダメだと思います。法律マターではありませんが、会社人としてとても大切なことだと思います。

木村：年配の方、特に50歳代後半の方に対して依頼する場合、メールを送るだけでは動いてくれないことがあります。法務の若手が年配社員に依頼メールを送って、返事がないと困っている時がありました。その年配社員に聞くと「メール1本で人が動くと思ったら大間違いだぞ」とのことでした（笑）。実際、私もこの考えにシンパシーを感じてしまいます。若い人から見たら、なんて非効率なんだと思うかもしれませんが、このような価値観を持っている人が実際にいるということを理解することが大事だと思います。そうすれば、メールの後に電話一本入れるだけで「あいつは人間の機微がわかっている」と評価されることになり、その後の利害調整がしやすくなります。

明司：英語がペラペラなのに何も伝えることができない人がいますが、それと同じだと思います。言語は情報を伝えるためのツールですが、あくまでもツールの一つに過ぎません。**法務は言葉を大事にします。それはそうなのですが、残念ながら言葉だけでは伝わりませんし、人は動きません。**それこそ、一本電話を入れたり、会いに行ったりすることが大事です。また、連絡するタイミングも大事で、金曜日の夜に依頼するのか、月曜日の朝に依頼するのかで結果も変わるかもしれません。

言葉以外のいろんな要素を考えて対応しないと、調整力を上げることは難しいと思います。

山内：要は自分中心のコミュニケーションになっていないか、きちんと相手に伝わる言葉・手段を用いているかを気にする必要があります。「俺は言ったからな」ではなく、実際にメッセージがデリバリーされるところまでしないと意味がありません。

身内の調整能力という意味では、**法務、会計、技術、開発、営業など異なる部署のプレイヤー全員に通じる言葉で語ることも必要**です。法務の用語は難しいことが多く、ほかのプレイヤーにわからないことも多いため、法務は「みんなに通じる言語化」を一括して担うのに適しています。こうした通訳能力が高い人も社内では重宝されますね。

▶法務担当者がやってはいけないことについて

木村：次は少し視点を変えまして、法務担当者がやってはいけないことについてお伺いします。明司さんは「これは法務の仕事ではありません。」と言うこと、「敬意を持たない態度」「個人としての成長のみを考えること」を挙げられています。

明司：私は**「これは法務の仕事ではありません」というセリフが大嫌い**で、絶対に言ってはいけない言葉だと思っています。例えば「お弁当の発注はどうすればいいですか？」というようなまったく法務と関係ない場合は別として、近接領域の相談を受けて「それは法務ではありません」とだけ言ってしまうことはNGです。たとえば、当社の規程管理は総務が担当しているのですが、規程の相談を受けた時にすぐに総務に振るようなケースです。規程の相談を受けた背景に、もしかしたら契約に関する問題が隠れているかもしれません。理想は規程のすべてをきちんと把握して自ら回答することになるのですが、さすがにそこまではできないので、簡単な問い合わせであれば回答することが大切です。少なくとも「総務の担当者は○○さんです」くらいは回答するべきだと思います。

実は、法務は経営企画よりも情報が集まってくる部署です。経営企画は高いレイヤーの情報しか入ってこないかもしれませんが、法務は数十万円の契約の案件から数百億円のM&Aの情報まで入ってきます。何か問い合わせがあった時に答えるようにしておくと、信頼を得ることができます。それを「それは法務ではありません」と言ってしまうと情報も入って来なくなります。

山内：弁護士にも当てはまることかと思います。「それは弁護士の仕事ではありません」と、自分の守備範囲以外のことをやらない人が増えています。加えて、雑用を避ける傾向にあります。著名な三國清三シェフが頼まれてもいない皿洗いを糸口として技術や人脈を獲得していったお話を読ませて頂いて感動したのですが、この例のように、**自分の本来の守備範囲以外のことや雑用にこそビジネスチャンスや成長の素がある**のに、コンフォートゾーンに留まっている人が多くなっています。

弁護士は社外の人間なので、放っておくとどうしてもプロジェクトから一歩引いた存在になります。「来た球を打つ」姿勢を捨て、どんどん中に入っていけば情報も入って来ますし、当事者に近くなって仕事も断然面白くなると思います。依頼者からの信頼も高まります。

明司：先ほど申し上げたとおり、法務部には小さな情報も大きな情報も入ってきます。この情報を活かして経営に貢献できる立場にあります。法律という専門性もあり、情報もある。会社のためにもっと貢献しようと思えば、戦略的には活動範囲や守備範囲を広げることだと思っています。

法務部門は、もっと自部門の強みや環境を分析して戦略的に動いていくべきだと思います。法務部で中期計画を立てているところは少ないと思うのですが、中期計画を立てないと、人員計画も立てられませんし、たとえば会社がグローバルの成長を目指しているのに、日本語しかできない国内の人員しか採用しないということになってしまいます。戦略的な発想を持たないと、人も組織も強くなっていきません。

木村：法務でSWOT分析をしているところは少ないですね。作り込む必要はないですが、一度目線を上げて中長期的な課題を整理することが本当に大事なことだと思っています。そうしないと自転車操業から抜け出すことが難しくなります。

次に、「敬意を持たない態度」はいけないということですが、これはどのようなお考えでしょうか。

明司：法務の仕事は基本的に感謝されることが多いと思っています。契約書をチェックしたら事業部から「ありがとう」と言われますし、不祥事対応の時も感謝されます。最近、法務はちょっと持ち上げられ過ぎかとも思っています。法務はモノを作っているわけではありませんし、営業もしていません。法務だけが偉いということは何もありません。逆に法務が営業担当者にモノを売ってくれてありがとう、製造現場にモノを作ってくれてありがとうと言っているかと言えばそうではありません。法務は経営の偉い人と話す機会が多いですし、大きな案件にも関与するので何か自分が偉いと思ってしまいがちです。放っておくと、**他部門への感謝や敬意を忘れてしまうので注意が必要**です。

木村：今回のアンケートでも「上から目線」をしてはいけないという回答がいくつかありました。明司さんがおっしゃったように、経営陣と話す機会も多いことから、勘違いする人が一定数いるような気がします。一般的に法務は事業部からお固いとか敷居が高いと思われているので、感謝や敬意を示すとそれだけで他の担当者とは違うと認識されるのではないかと思います。

次に、「個人としての成長のみを考えること」はダメということですが、これはどのようなことでしょうか。

明司：法務部は企業に属しているので、個人ではなく組織としての能力を高めることが重要です。たとえば法務部員が４名いるとして、各人の能力が100、100、20、20のところと、４人全員が60のところがあったとすると、平均値はいずれも60なのですが、前者の状況はよくないと思っています。もし100の２人がいなくなると組織として崩壊してしまうからです。100の人は、組織人としてその能力を20の人に教える等の対応をする必要があります。自分がこうなりたいああなりたいということだけ考えるのではなく、部署としてこうなりたいああなりたいという視点を持ってほしいと思っています。それが嫌であれば組織にいる必要はないのではないでしょうか。

木村：山内先生は、法務担当者がやってはいけないこととして「連絡が取れない」ことを挙げられています。変わった切り口ですが、背景を教えてください。

山内：**いわゆる“できる”法務のご担当者は総じてレスポンスが早い**です。メールもそうですし、電話をしてもすぐに折り返しがあります。レスの早さというのは、単に事務処理能力というだけではなくて、仕事に対する責任感に加え、すぐにレスができるくらい普段から準備できているかが勝負です。プロジェクトリーダーなのに的を射た即レスが来ると、「あっ、このプロジェクトはリーダーがしっかり全体を見てくださっているので大丈夫だな」と思います。逆に、「メールがほったらかし」というのは、内部でも外部でも危険の兆候です。それくらい比例します。

明司：レスポンスが遅いとイラッとしますよね（笑）。良い弁護士の先生もみなさんレスポンスが早いです。よく考えると当社の経営陣のレスポンスも非常に早いです。

木村：スピード対応は、差別化が簡単に図られるものと思っています。通常１週間かかるものを３日で、３日かかるものを１日で、１日かかるものを１時間で対応すると、成果物の品質が担保されていることが前提ですが、間違いなく相手は喜んでくれます。場合によっては感動を与えることもできると思っています。

山内：仕事の能力はすぐには上げることができませんが、スピードは仕事の優先順位を組み直すことで、今日からでも上げることが可能です。よく仕事のクオリティとスピードは反比例するなどという話題がありますが、そもそも私は**スピードはクオリティの一部**だと思っています。そして、劇的に状況を改善するアイディアを生む発想力など「クオリティ」の他のパラメーターに比べれば、心がけることで常に達成可能なクオリティといえます。

木村：弁護士は複数の案件を同時に対応していく必要がありますが、具体的にどのように対応されていますか。

山内：マルチタスクは弁護士の最大の課題の一つです。ある仕事の評判が良くても、他がおろそかになってはいけません。弁護士にとってはone of themでも、それぞれのお客様にとってはオンリーワンなわけですから。

そのためには、仕事を後回しにしないことは当然のこととして、厳格な優先順位付けが大事です。私は、TODOリストに厳格に優先順位を記載しています。これはもう完璧と言っていいくらいに運用することを自分に課しています。どれだけ忙しくてもTODOが増えた時には這ってでもリストに載せることだけはしています（笑）。忘れたり遅れたりして、時間に追われて仕事をすると楽しくなくなるからです。

あと、TODOをできるだけ細分化することです。セミナーの講師をする場合でも、構想を練る、案内文を作る、パワポを作る、リハをする等、できるだけ小さい単位で書き出し、課題を可視化することによって、自分の脳が料理しやすくしています。

明司：レスポンスの早さや業務のスピードは本当に大事なことだと思います。相手に安心感を与えることにもなります。ただ、契約書チェックを早くやり過ぎて、それが当たり前と思われても困りますが（笑）。

木村：本日はありがとうございました。

Chapter 2
経営にインフルエンスを与える法務部門とは

法務部門のアドバイスを経営陣に理解してもらい、意思決定に反映されることが重要で、そのためには、法務部門として、経営者や事業部にインフルエンスを与える存在にならなければなりません。信頼を獲得する前提として法務部門の組織としてのプレゼンスを高める工夫も必要となってきます。信頼獲得とプレゼンス向上は、鶏が先か卵が先かの問題はありますが、本章では双方の視点から説明します。

本章では、法務担当者という個々人ではなく、組織としての法務部門がどのようにすれば信頼を獲得できるかという視点で説明します。法務部門は法務担当者の集まりですから、**Chapter 1**で見た「経営にインフルエンスを与える法務担当者とは」という主題と多少オーバーラップするかもしれませんが、あまり気にせずに読み進んでいただければと思います。

本章は所属する法務部門の考え方や運営について疑問や問題意識を持っている方にも、是非読んでいただきたい内容となっています。

Section 1

序　説

本書の冒頭でも述べたとおり、通常、法務部門が経営や事業の意思決定を行うことはありません。法務部門がいくら立派なアドバイスを行ったとしても、経営の意思決定に反映されなければ意味はありませんので、法務部門のアドバイスを経営陣に理解してもらい、意思決定に反映されることが重要となります。

そのためには、法務部門として、経営者や事業部にインフルエンスを与える存在にならなければなりません。インフルエンスを与える大きな要素は、法務担当者と同様、信頼を獲得することとなります。また、信頼を獲得する前提として法務部門の組織としてのプレゼンスを高める工夫も必要となってきます。信頼獲得とプレゼンス向上は、鶏が先か卵が先かの問題はありますが、本章では双方の視点から説明します。

法務部門の信頼を獲得＋法務部門のプレゼンス向上 ↓ 経営にインフルエンスを与える法務部門

本章では、法務担当者という個々人ではなく、組織としての法務部門がどのようにすれば信頼を獲得できるかという視点で説明します。法務部門は法務担当者の集まりですから、**Chapter 1**（経営にインフルエンスを与える法務担

当者とは）と多少オーバーラップするかもしれませんが、あまり気にせずに読み進んでいただければと思います。

本章は、主に法務マネージャー向けの内容になっていますが、所属する法務部門の考え方や運営について疑問や問題意識を持っている方にも、是非読んでいただきたい内容となっています。

なお、法務部門の組織運営上、必ずテーマとなる法務部門全体のスキル向上、契約書審査体制、法令調査体制等、法務業務の質を高める直接的な施策については、本書の中心テーマではありませんので、説明は省略しています。

Column 法務部門の役割は、資本コストを下げて企業価値向上に貢献すること

「法務はコストセンターであり1円のキャッシュも生み出さない」とよく言われます。それはそのとおりです。しかし、企業価値向上という視点では少し違ってきます。

法務が良い活動をすると、会社の資本コストが下がって、企業価値が向上します（するはず）。法務の活動によって、契約書審査によって適切なリスクヘッジができたり、遵法体制を強化することによって違法行為を起こさないようにしたり、不祥事が発生した場合でも損害の拡大を最小限に抑えたりすることができます。つまり、変なことを起こさない、起こしたとしても軌道修正できる会社として、ステークホルダーからの信頼が高まるのです。これを乱暴にいうと、その会社の「資本コストが低下する」ことになり、企業価値が向上するということになります。企業価値と株価は同義ではありませんが、同じものと位置づける場合、仮に売上、利益、成長性がまったく同じA社とB社が存在し、A社には優秀な法務部門が存在し、B社には法務部門すらないケースがあったとします。感覚論で構いませんが、みなさんであればどちらの株を買うでしょうか？ 資本市場では、何かをしでかす可能性の高いB社（資本コストが高い）よりも、しでかす可能性が低いA社（資本コストが低い）を評価することになり、通常、株価もA社の方が高くなります。法務部門の活動と資本コストの因果関係についての学術的な研究はあまりなされていないのが実情ですが、私は因果関係があると強く信じています（このあたり、もしかしたらコーポレートファイナンスの専門家から批判があるかもしれませんが……）。

私は、**法務部門の本質的な目的は「資本コストを下げて企業価値向上に貢献すること」**であると考えています。言い換えると「会社の信頼度を上げて企業価値向上に貢献すること」ということになります。

以前、このくだりについて、資本コストを意識した経営を実践しているグローバル企業の法務部の責任者にお話したことがありました。その後その方とお会いした時に「木村さんから聞いた話を経営陣にしたところ、すこぶる評判がよかった」とのことです。経営者の感覚にもマッチしているのだと思います。

企業の資本コストを下げるため（≒信頼を向上させるため）には、法務担当者ひいては法務部門の能力を向上させ、それを経営の意思決定に反映してもらうことが重要になります。本書はこの考えをベースに、どのようにすればよいかという視点で構成しています。

最後に、資本コストの意味や定義について理解されていない方も多いかもしれません。CGコードの影響もあり、経営者は関心を持っていることが多いので、法務担当者としても意味合いくらいは把握しておく必要があります。本書ではページ数の関係や私自身の能力の問題もあって説明はいたしませんが、この**Column**を読んでピンと来なかった方は、関連書籍が山ほどあるので一度勉強してみてください（この場合、枝葉の部分まで理解する必要はありません）。個人的には宮川壽夫著『新解釈 コーポレートファイナンス理論』（ダイヤモンド社、2022年）をおすすめします。平易な語り口調で理解しやすい内容になっています。

Section 2

法務部門の３つの機能

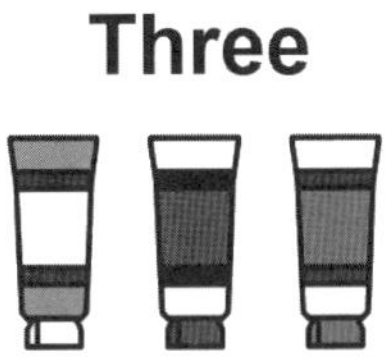

経営にインフルエンスを与える法務部門になるためには、前提として法務部門の機能について理解しておく必要があります。法務部門の役割について十分に理解されている人については、本節を読み飛ばしてもらって構いません。

1　伝統的な３つの機能

法務部門の機能について、伝統的には以下の３つに整理されています。

〈伝統的な３つの機能〉
① 治療法務（臨床法務）
② 予防法務
③ 戦略法務（経営法務）

①の**治療法務**は臨床法務とも言われており、いわゆる訴訟対応や不祥事対応等、今まさに起こっている問題への対応のことを指します。マイナスからニュートラルへ持っていくような対応です。

②の**予防法務**は、契約書審査、コンプライアンス教育のほか、個人情報漏えい防止のための社内体制の構築、M&Aのデュー・デリジェンス、社内規程の整備等、企業の法的リスク全般を予防するための機能であり、広範かつ多岐にわたります。法務部門の中心となる業務といえます。

③の**戦略法務**は経営戦略と呼ばれることもあります。法的な知識を駆使して新たな価値を生み出すようなもの（たとえば取締役会改革、買収防衛策の導入または廃止、株式報酬の設計等）を指します。提案型法務と言ってもよいでしょう。①②と違い、より積極的な姿勢が必要となります。

2 在り方研究会報告書による３つの機能

法務部門の機能に関する伝統的な切り口以外に、在り方研究会による新しい切り口についても紹介します。最近では、各所において、この切り口による説明も増えてきています。

〈在り方研究会による切り口〉

▶― パートナー機能
- ・クリエーション機能
- ・ナビゲーション機能

▶― ガーディアン機能

機能が大きく２つに分かれていて、１つ目が**パートナー機能**、２つ目が**ガーディアン機能**となっています。パートナー機能の中に、**クリエーション機能**と**ナビゲーション機能**があるという立て付けです。クリエーション機能とナビゲーション機能は聞き慣れていないこともあり、少々わかりづらいかもしれません。以下、各機能について在り方研究会の言葉を借りながら説明します。

▶― パートナー機能

「経営や他部門に法的支援を提供することによって、会社の事業や業務執行を適正、円滑、戦略的かつ効率的に実施できるようにする機能」

記載内容から、伝統的な切り口の戦略法務と類似しているかと思います。

▶― クリエーション機能

「法令等のルールや解釈が時代とともに変化することを前提に、『現行のルールや解釈を分析し、適切に（再）解釈することで当該ルール・解釈が予定し

ていない領域において、事業が踏み込める領域を広げたり、そもそもルール自体を新たに構築・変更する機能』」

同報告の例示として、Airbnbの事例が書かれています。日本ではまだ馴染みが薄かった「ホームシェアリング」を、旅館業法の壁を乗り越えて事業として定着させた事例です。ホームシェアリングが広がることによって、全国に800万戸存在すると言われている空き家問題の解決にもつながっています。

ただ、スタートアップや新規事業を頻繁に行っている企業の法務部門でない限り、このようなクリエーション機能を発揮できる機会は正直少ないと思います。もし今後このような機会があれば、どんどんチャレンジし、法務部門のプレゼンスを上げていったほしいと思います。

▶ ナビゲーション機能

「事業と経営に寄り添って、リスクの分析や低減策の提示などを通じて、積極的に戦略を提案する機能」

本書で強調している経営者や事業部に「寄り添う」姿勢によって、法務の活動を提示・提案する内容となっています。

▶ ガーディアン機能

「違反行為の防止（リスクの低減含む）、万一の場合の対処などにより、価値の毀損を防止する機能」

前述の予防法務とほぼ同義と考えています。

3　法務部門の機能についてのまとめ

伝統的な機能と在り方研究会の３つの機能は、違うことを言っているのではなく、視点と切り口が違うだけのことです（在り方研究会の切り口の方が、より法務担当者の姿勢や行動に重点をおいているという印象）。乱暴に整理すると**図2-1**のような整理になります。

図2-1 法務部門の３つの機能

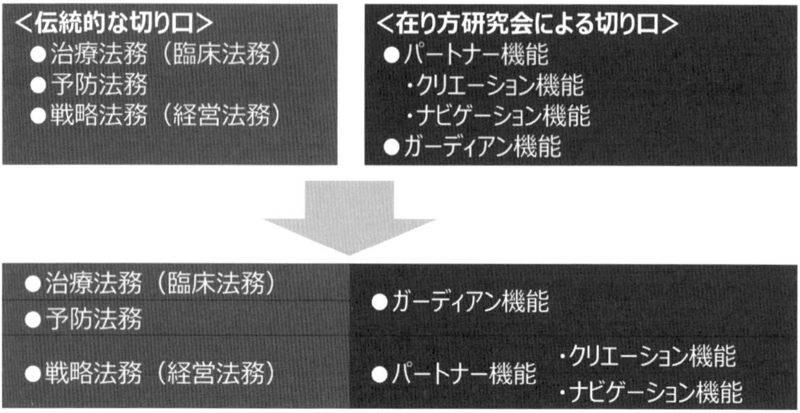
＜伝統的な切り口＞
●治療法務（臨床法務）
●予防法務
●戦略法務（経営法務）
＜在り方研究会による切り口＞
●パートナー機能
・クリエーション機能
・ナビゲーション機能
●ガーディアン機能
●治療法務（臨床法務）
●予防法務
●ガーディアン機能
●戦略法務（経営法務）
●パートナー機能
・クリエーション機能
・ナビゲーション機能

どちらの切り口にせよ、法務部門の機能を発揮することによって、会社の企業価値向上をサポートし後押しすることに変わりはありません。法務部門は、リスクの高い案件についてはブレーキを踏み、リスクテイクしてでも進めるべき案件は理論武装した上でGOサインを出し、企業価値向上に寄与することがその役割となります。

なお、私の法務部門の役割のイメージは、以下のとおりです。

経営者　：ドライバー
事業部　：自動車
法務部門：道路標識、ヘッドライト、信号機、自動車の整備人、レッカー車、道路の整備人、カーナビ、自動運転機能等

経営者がドライバーとなり、ハンドルを切って会社の方向性を決め、アクセルを踏んで加速させます。経営者の指示のもとに事業を推進するのが事業部であり、事業部が自動車ということになります。ドライバーや自動車はそれぞれの能力や性能を向上させる努力をし、よりスピードを上げていくことになります。つまり、事業を力強く推進させていくことが役割と言えます。しかし、ドライバーや自動車がいくら立派でも、以下のようなことになっては大きな問題になります（カッコ書きは会社経営への当てはめ）。

①行ってはいけない方向に行っている（危ない事業に手を出そうとしている）
　→正しい道路標識を示す（コンプライアンスポリシーの制定等）
②道路の見通しが悪い（事業リスクを検討しないで進めてしまっている）
　→危険がないかヘッドライトで照らす（想定されるリスクの洗い出し）
③横断歩道を一旦停止せずに通過しようとしている（無謀な事業の推進）
　→赤信号で強制的にいったん止めさせる（リスクが高い案件にNOと言って止める）
④自動車が故障（不祥事等で事業が著しく停滞）
　→レッカー車で整備工場まで運び修理する（被害者の損賠賠償請求への対応や再発防止策の策定等）
⑤道路がボコボコでドライバーと自動車の能力が発揮できない（予防法務ができておらず、安心して事業を推進できないない）
　→凸凹道から道路を舗装。できれば高速道路に（予防法務機能を向上させ、安心して経営できる環境を整備）。

また、今後は戦略法務機能をより発揮させる必要があり、上記に留まらず、経営や事業の推進に寄与する機能（カーナビや自動運転機能）のような役割も求められつつあります。

Column　新規事業やM&Aへの対応は戦略法務？

新規事業やM&Aに対応することは戦略法務か？

私は本書を書くにあたって、あらためて戦略法務について調べてみましたが、ネットを中心に多くの方がこれを戦略法務と位置づけていていました。

私はこれに強い違和感を覚えています。たとえば新規事業の案件があったとします。上司から「この件を担当して」と言われたら、おそらくその案件の法的リスクを検討して必要な対策等を提言することになるでしょう。しかし、それは単に指示されたことを当然にやったことであり、契約書チェックの依頼を受けて、契約書案に記載されている法的リスクを検討して修正案を出すことと何ら変わりはありません。典型的な予防法務です。また、M&Aのデュー・デリジェンスも法的リスクの洗い出しに過ぎませんので、予防法務の範囲内となります。

新規事業にせよM&Aにせよ、単なるリスク評価とその対応だけでなく、「このようにすればもっと大きなチャンスのある新規事業になる」とか「M&Aのスキームが現在合併で検討されているようですが、株式交換にした方が総合的に判断してメリットが大きい」等という会社に大きくプラスに働く提案をしてはじめて戦略法務機能を発揮したということになります。

新規事業やM&Aを担当すると、自分自身がカッコいいことをしていると勘違いしてしまいがちです。戦略法務という「冠」がつくと、その勘違いに拍車がかかることを懸念しています（実は、そんな風に思ってしまっていたのは過去の私です……）。

Section 3

経営にインフルエンスを与える法務部門とは

本節では、経営にインフルエンスを与える法務部門になるための対策について具体的に説明します。

1　法務部門の明確なミッションの設定

どのような法務組織にするにせよ、まず法務部門のミッションを明確にする必要があります。自分たちはどこに向かって仕事をしているのか、何のために仕事をしているのかを明確にしないままでは何も始まりません。

なお、**本書における「ミッション」については、「所属する企業の法務部門として、当該企業の経営環境、事業環境、経営方針等を勘案して、経営者から求められる役割」と定義**させてください。

上記を定義とする場合、所属する企業の状況について把握する必要があります。巨大なグローバル企業とスタートアップ企業、銀行業と製造業、売上が急拡大している企業と倒産寸前の企業とでは、法務部門の“ミッション”は異なってくるはずです。

図2-2は、企業の成長段階ごとの法務部門の役割の比重を円グラフにしたものです。

図2-2　企業の成長段階と法務部門の役割の比重

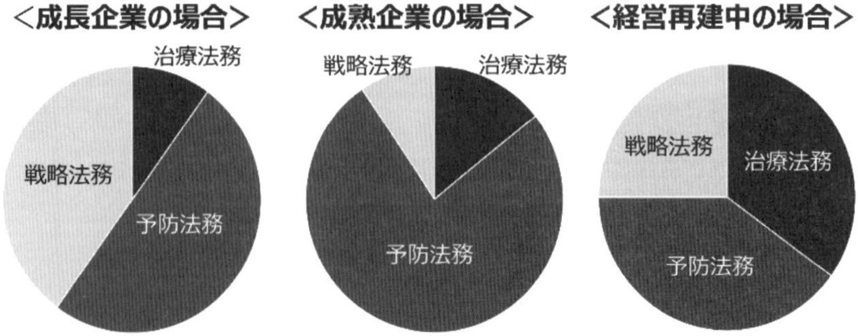

スタートアップ企業のような成長企業の場合、**Section 2**で説明したAirbnbの法務部門が果たした役割（戦略法務の一部であるクリエーション機能）の比重が高まります。成熟企業においては、多くの売上や利益は既存事業から出ていることが多く、どちらかと言うと守りの法務の要素が多くなると思います。つまり、予防法務の役割が中心となります（もちろん、新規事業を数多く出すという経営方針が出ていれば話は別）。経営再建中の企業の場合、仮に不祥事を起こした企業を例にすると、被害者からの損害賠償請求訴訟等の対応（治療法務）の役割が大きくなります。また、経営のリストラクチャリングを行う場合、戦略法務の機能も発揮する機会が増えるかもしれません。

必ずしもこの図のような割合になるとは限りませんが、法務部門のミッションは、企業のステージによって変える必要があります。

いずれにせよ、いまだ法務部門のミッションを明確にしていないのであれば、自社を取り巻く経営環境や事業環境、ビジネスモデル、経営方針等を把握することから始めてください。

具体的には、自社が置かれている業界の市場は伸びているのか、それともシュリンクしているのか（経営環境）、自社の競争優位性は高いのか、どのようなビジネスモデルや強みを持っているのか（事業環境）、どの事業に重点を置いているのか、海外事業なのか国内事業なのか（経営方針）について把握することになります。

上記の内容は、当然ながら経営者も把握しています。経営者は意識・無意識を問わず、自社の経営環境下において、法務部門に何らかの役割に関する期待を持っているはずです。ただし、経営者が法務部門への期待を明言することは稀です（明確な期待を持っていないことも多いかもしれません）。そこで、法務部門長が経営者の視点に立ち、仮説を立て、自部門のミッションを決めることになります。この**仮説を立てるプロセスが、法務部門がより経営目線になることを意味**します。経営者も法務部門の変化を感じ取るでしょう。

ミッションが明確に決まれば、現在の法務部門の方針や人員体制が適しているのか、適していないのであれば適合させるための対策を打つ必要があります。

たとえば、新規事業を数多く成功させることが最大の課題としている企業であれば、法務以外の経験も持っている、もしくは柔軟な発想の人材の配置が必要となってきます。また、海外事業を大きく伸ばす方針であれば、英文契約の審査ができる人材の拡充が必要となります。

会社の動きを察知せず、法務部門のミッションに意識を払わない場合、打ち手が常に後手後手に回ってしまう能性が高くなります。

2　情報へのアクセス（法務は将棋盤の全部が見えていないといけない）

法務部門の信頼獲得やプレゼンス向上を図る上で、大前提になることは情報へのアクセス権限です。

法務は将棋盤の全部が見えていないといけません。将棋士は、当然のことながら将棋盤の全部が見えています。この将棋盤を会社の情報とすると、法務部門は全部の情報を入手できる状態であることが理想です。もし情報が入手できないのであれば、将棋盤の一部が見えないまま、将棋を指しているようなものです。見えないところに飛車や角車が潜んでいるかもしれません。そうなるとまともな将棋ができるはずもありません。

Chapter 1で、法務担当者には「情報収集力→事実関係の整理力→論点抽出力」が必要であると説明しました。情報収集の段階で漏れがあれば、その後の事実認定に誤りが生じ、打ち手も間違ってしまう可能性が高くなります。これが大きな不祥事案件である場合、初動対応や再発防止策も間違うことになります。社長が記者会見で説明する内容が間違っていることになれば、レピュテーションリスクも計り知れないものとなります。

他にも以下のようなケースが考えられます。

- ある会社を買収する案件が検討されていることを知らず、その競合相手と取引契約を結ぼうとしていた
- 子会社の売却が検討されていることを知らず、その子会社の設備投資の案件の相談に乗り続けた
- 自社株取得が予定されていることを知らず、大きなM&Aの件を経営企画と法務で検討を進めていた[6)]

もし法務担当者が事前に上記の情報を知っていれば、何らかの理由をつけて検討をストップさせたりすることができます。交通整理する時間ができるので、早期に軌道修正でき、効率的かつ的確に業務を行うことができるようになります。

このように、法務部門にすべての情報が入る環境を整備することが重要です（ただし、人事情報等のごく一部のセンシティブ情報を除く）。正確な情報なしに、法務部門が本領を発揮することはできません。

✓　情報を積極的に取りに行く！

では、どのようにすれば法務部門に情報が来るようになるでしょうか。**じっと座っているだけでは情報は集まりません。**通常の業務を粛々とこなすだけでも不十分であり、積極的に情報を取りに行く必要があります。そのた

6)　インサイダー取引規制上の重要事実となるような大きなM&Aが進んでいる場合、会社は自己株取得をすることができません（金融商品取引法166条）。重要事実については、法務部門としては常に把握しておくべきです。そうでない場合でも、財務部門と常に情報交換しながら連携しておく必要があります。

めにはさまざまな工夫が必要となり、主な施策は以下のとおりです。

〈情報を集めるための施策〉
- ▶―　事業部に入り込む
- ▶―　経営企画部門に出向する
- ▶―　インサイダー情報の管理事務局になる
- ▶―　取締役会の事務局となる

主な施策を列挙しましたが、下に行くほど実行のハードルが高く、その代わり質の高い情報が入手可能になります。以下、順を追って説明します。

なお、これらの施策を行う場合、法務部門の業務が増えることになります(場合によっては大きく増える)。恒常的にマンパワーが不足している場合は難しいかもしれません。しかし、法務部門が然るべき情報を得るようになれば、中長期的な視点に立つことができ、大きな業務効率化と業務品質の向上を図ることが可能となります。

▶―　事業部に入り込む

比較的容易に実施でき、一定の効果も得られるということで、**すでに多くの会社が実施している施策**です。

具体的には、毎週１回事業部に「出張」して仕事をする、事業部に常駐する、事業部の定例会議に参加する等の方法があります。

考えられる効果としては、事業部に赴くわけですので、当然にこれまでよりも事業部に関するさまざまな情報が入ってくることになります。その情報の中に、リスクの芽となる情報も含まれることがあります。事業部担当者とのちょっとした会話の中に「それってリスクでは??」と思うような情報が入るようなケースです。リスクの早期発見となり、問題が表面化する前に対応ができることになるので、傷口を大きくする前に対策を打つことが可能となります。

もう一つ大きな効果として、法務担当者の育成という面があります。事業部に入り込めば入り込むほど、事業部への理解が深まることになります。前述した法務担当者が獲得すべき重要な要素である「会社を知る、事業を知る」ことが格段に進むことになり、ローテーションで事業部の担当を変えることで、法務部門全体としても事業部視点を獲得することができます。

図2-3　事業部に入り込むことによる効果

【事業部に入り込むことによる効果】
・現場とのコミュニケーション量UP
・リスクの早期発見
・法務担当者の育成（事業部視点の獲得）

ただし、現在ではリモート勤務も多いので、事業部に席を置いたとしてもなかなかリアルで事業部のメンバーと顔を合わせる機会が少ないかもしれません。フルリモート勤務を採用している会社はまだ少ない状況ですので、事業部メンバーが多く出社する日を選んで行くなど、できるだけリアルに接する機会を設ける必要があります。リアルに会うことで、信頼関係のベースが構築しやすくなります。

その他の問題として、マンパワーの問題があります。法務部門の所属員が１名～数名の会社においては、事業部に人を送る余裕がないところが多いと思います。しかし、もし机にかじりついているような法務担当者が多い場合、いつまで経っても現場感覚を身につけることができませんので、可能なかぎり実施することをおすすめします。

▶― 経営企画部門に出向

法務担当者を経営企画部等に出向させることも有効な手段です。法務に経営視点が必要であるのと同様、経営に法務視点が不可欠という認識はこの５年、10年で大きく浸透しています。経営企画部への出向については、受け入れられやすい環境と言えるのではないでしょうか。リーガルマインドを持った法務担当者が経営企画部等に席を置くことは、受け入れる側にもメリットがあります。もし打診しても断られると思い込んでいる場合でも、意外にすんなりとOKが出る可能性があります。もちろん、法務部門から人を出すわけですから、マンパワーの問題はどうしてもつきまとうことになります。

効果としては、先ほどの事業部に入り込むことよりも、より重大な経営リスクを早期発見できる可能性が高まります。経営トップや役員とのコミュニケーション量が間違いなくアップするので、これらのキーパーソンとの人間関係を構築することが可能となります。

法務担当者の育成という面においても、事業部視点ではなくもっと大きな経営視点が得ることができ、**「森」を見る目を養えることが大きなメリット**になります。出向した人から、会社の経営課題や問題意識を定期的に法務部門にフィードバックする機会を設けると、部門全体に経営視点が養われることになります。出向した人が法務に帰ってきた場合は、大きな戦力になることは間違いありません。

経営企画部に出向という形が難しい場合、週に1回だけ席を置くという方法もあります。また、法務部門の責任者が経営会議に出ていない場合、参加資格をもらうという方法もあります。経営会議に参加することにより、案件の内容について、これまで資料上の表面的な理解に留まっていたものが、案件の背景や役員同士の議論の内容までを理解できるので、その後の法務アドバイスも格段にしやすくなります。また、重大な経営リスクの早期発見にもつながることになります。たとえばある法務部長が経営会議に参加しており、リスクの高い案件が付議された場合、「その案件については、景表法の観点からもチェックしたか」といった指摘をその場ですることが可能となります。

昨今、CLO（Chief Legal Officer）やジェネラル・カウンシル（General Council）の重要性に注目が集まりつつあります。グローバル企業であればCLO等を置いているところが増えてきており、経営会議に参加することは当たり前になっています。法務部門の責任者が参加資格を得るには良いタイミングではないかと思います。

私も一時期経営企画部に所属しましたが、経営トップと接する機会が増え、その考えや悩みについて、ほんの少しですが理解することができたと思っています。経営者と同じ視点に近づけるようになり、非常に得難い経験をすることができました。この経験は法務に限らず、他の部署で業務をする場合でも大いに役に立ちました。

図2-4 経営企業部門等に出向することによる効果

【経営企画部門等に出向することによる効果】
・経営トップや役員とのコミュニケーション増
・重大な経営リスクの早期発見
・法務担当者の育成（経営視点の獲得）

▶― インサイダー情報の管理事務局になる

次の対策として考えられるのが、インサイダー情報[7]の管理事務局になることです。法務部門が担当している会社もあるかと思いますが、まだ少ない状況かと思います（私の理解では、経営企画部門が担当している会社が多い）。

そもそもインサイダー取引規制は金商法に規定されておりますので、法律を管轄する法務部門が担当する方が適切な運用ができるのではないかと考えています。経験がある人もおられるかもしれませんが、インサイダー情報に該当するかどうかを判断することは、法務担当者でも相当気をつかいます（定義の記載が難解で、軽微基準も複雑な記載となっており、相当骨が折れます）。もし、法務部門以外の部門が管理事務局となっている場合、適正なリスク管理をする上でも、主管を法務部門に変更することが妥当と考えています。

インサイダー情報の管理事務局になると、当然ながらインサイダー情報が集まってきますし、それ以外の情報も多く集まってきます。通常、経営者や事業部はインサイダー取引規制について正確な知識を持ち合わせていることが少なく、インサイダー情報でない場合でも、確認のため相談に来るケースが多くなります。

また、インサイダー情報の中には、社内のごく一部の人しか保有していない情報もあり、経営トップから直接相談されるケースもあります。経営トップがインサイダー取引をすると、レピュテーションが大きく低下します。トップもこの辺りの意識は強いので綿密なやり取りが発生します。**トップとのコミュニケーションも増える**ことになります。

7） 正確には、金商法上のインサイダー取引規制の重要事実のこと。

多くの機密情報が集まるので、必然的に法務部門のプレゼンスも高まることになります。また、管理事務局を担当するようになると、インサイダー取引防止規制の知識・経験が深まることになります。取引法務中心の法務部門であれば、金商法の分野が苦手なことも多いので、部門としてのプレゼンスも高まることになります。

図2-5　インサイダー情報の管理事務局になることによる効果

【インサイダー情報の管理事務局になることによる効果】

- 重要事実以外の情報も多く集まる
- 経営トップとのコミュニケーション量が増える
- 部門のプレゼンス向上に直結する
- インサイダー取引防止規制の知識・経験が深まる

▶―― 取締役会の事務局となる

最後に説明する施策が、取締役会事務局となることです。私は、**これまで述べてきた施策と比べ、情報の獲得、担当者の能力向上、部門のプレゼンス向上等、すべての面においてもっとも効果がある**と考えています。取締役会事務局も、インサイダー情報の管理事務局同様、経営企画部門や秘書部門が担当しているケースが多いという認識です（もちろん法務部門が主管している会社も数多く存在する）。

取締役会の運営で守るべきことは、基本的に会社法をベースにしており、会社法の知識が不可欠となります。利益相反取引や競業取引の適切な付議、取締役の職務執行状況報告の実施（少なくとも３か月に１回は必要）、取締役会議事録の作成、議事の採決のための議長支援、株主代表訴訟に耐えうる議事運営サポート等、適法性の観点で対応する事項が山ほどあります。生半可な知識で対応すると、大きなリスクを抱えることになります。

また、CGコードが適用されるようになってから、コーポレートガバナンスに関する広範な知識も必要とされてきています。現在、CGコードには、合計83のコード（原則）があり、それぞれのコードについて、「コンプライ or エクスプレイン」することが求められています（コードの一部について、その対応状況はコーポレートガバナンス報告書において開示することが求められている)。これらの対応状況については、前提として取締役会による協議が求められており、取締役会事務局による適切な差配が重要なポイントになります。

このように、取締役会運営には法的に高い専門性が必要とされています。もし現在の取締役会事務局が会社法に疎い部署が担当している場合、法務部門が担当の変更を申し出るチャンスといえます(少なくとも、法務部門から担当者を事務局に送り込むことは検討すべき)。通常であれば、そのような大変な業務を取ってくることはとんでもないことだと思われるかもしれません。実際、この話をすると「忙しいのにとんでもない!」とドン引きされることが多いです。しかし、本書の読者であれば、これくらいの気概を持ってほしいと思っていますので、あえてさらりと書いています。法的素養の乏しい部署が担当している場合、こちらからのアプローチに意外にすんなり応じることも考えられます(先方にとっては大変な業務を引き取ってくれたという気持ちになる)。

効果として、当然のことながら、経営トップを始めとする取締役とのコミュニケーション量が増えることになります。特に、社外取締役と接する機会が大幅に増えます。たとえば、取締役会当日での応対、取締役会資料の事前説明、取締役会の実効性評価[8]、取締役間のオフサイトミーティング[9]等の場面において、頻繁に接することが想定されます。社外取締役は、さまざまな分野において第一線で活躍されてきた方が多く、そのような方と接すること自体、大いに刺激になりますし、視野が広がることになります。取締役会の議論において、社外取締役の発言やそれに対する経営トップとのやり取

8) 取締役会の実効性評価とは、取締役会が有効に機能しているかどうかを評価する取り組みであり、CGコードの補充原則4-11③では「取締役会は、毎年、各取締役の自己評価なども参考にしつつ、取締役会全体の実効性について分析・評価を行い、その結果の概要を開示すべきである」と定めている。取締役会評価の主な手法は、取締役会参加者へのアンケート、インタビューであり、取締役会事務局が行うケースも多い。

9) 社外取締役と社内取締役との接点が取締役会だけになることを問題視し、両者のコミュニケーションを活性化させるための場を設ける会社が多い。例えば、取締役会後に懇談会やランチミーティングを設けるケースや、会食をしながらの懇親会を実施するケースもある。

りを間近で聞くことができます。**経営を学ぶ上での最良の生きた教科書の一つ**と言えるでしょう。

なお、CGコードの要請によって、任意の指名委員会や報酬委員会を設置する企業が急増しています。事務局は人事部門が担当しているケースが多いかと思いますが、事務局メンバーに法務部門から１人派遣することも有効かと考えています。これらの委員会の場合、ベースとなる知識は会社法やコーポレートガバナンスであり、労働法ではありません。人事部は会社法を知らないことも多いので、法務部門の関与は歓迎される可能性があります。

図2-6　取締役会事務局になることによる効果

【取締役会事務局になることによる効果】
- ・経営トップとのコミュニケーション量が増える
- ・社外役員とコミュニケーションが可能となる
- ・取締役会での議論を聞くことによって極めて良質なインプットが得られる
- ・コーポレートガバナンス・コードや会社法の知識がさらに高まる
- ・部門のプレゼンスが大きく高まる

✓　情報へのアクセスのまとめ

法務部門による情報へのアクセスについてのまとめです。紹介した施策以外にも、お固いと思われがちな法務部門の敷居を下げるため、社内報に部門紹介を掲載してもらう等、インナーコミュニケーションも重要な取組みとなります。

しかし、**王道は、法務部門が経営者や事業部の信頼を獲得して、情報が自然と集まってくること**です。得た情報を有効活用してより質の高い取り組みをする。そして、さらに信頼が増し、さらに多くの情報が集まる……といった正のスパイラルにしていくことが理想です。

このような王道を目指しながらも、本項で述べた取組みをプラスして行うと、正のスパイルにドライブをかけることになります。

＜情報が集まる正のスパイラル＞

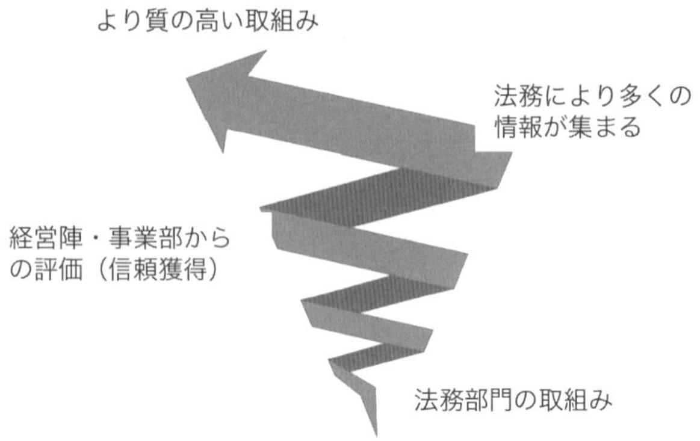

3 コーポレート法務の機能強化

多くの法務部門の業務は、契約書審査等事業部との日々の業務が大半を占めます。この業務を職人気質で粛々と行っているところも多いでしょう。法務部門の本分とも言える業務であり、もっとも大切にすべき業務であることに疑いはありません。

ただし、有能な法務担当者が揃い、契約書審査でベストプラクティスを実施したとしても、経営者の目に触れ、直接法務の仕事ぶりを直接評価されることはあまりないのが実情です。経営者の信頼を獲得し、ひいてはインフルエンスを与えるためには、経営者と関連の深い業務に、より踏み込んでいく必要があります。

その意味において、私は、**コーポレート法務（「商事法務」ともいいます）の機能強化は法務部門のプレゼンス向上の早道**だと考えています。主なコーポレート法務の業務は以下のとおりです。

図2-7 主なコーポレート法務の業務

【主なコーポレート法務の業務】

・株主総会対応	・組織再編支援
・取締役会事務局	・M&AにおけるPMI支援
・指名委員会等の事務局	・適時開示・法定開示支援
・CGコード対応	・株式関連業務
・インサイダー情報管理	・子会社管理 など

これらのコーポレート法務業務を、法務部門が主管しているところもあればしていないところもあります。主管しているところであれば人材面、業務配分面においてより強化し、主管していないところは前述の取締役会事務局のように、主管の変更を申し出ることによって、コーポレート法務機能の強化を行うことになります。

✓ 具体的な業務

コーポレート法務の具体的なものは以下のとおりです。

いずれも、経営トップや経営陣と接点の多い業務となります。

図2-8 コーポレート法務（主なもの）

【主なもの】

- 定款変更（取締役会による配当決議、機関設計の変更、バーチャル総会開催など）
- 取締役会改革（マネジメントボード→モニタリングボード）
- CGコードからの改善事項（ネタが山ほどある）
- 買収防衛策の導入または廃止
- RS、ストックオプション、ESOP等の提案
- 株式分割、自社株取得等の提案
- 人権DD

▶― 定款変更（取締役会による配当決議）

通常、定款変更をする機会はあまりありません。

機会が訪れる典型的なものは会社法改正です。以前、剰余金の配当は株主総会決議のみであったところ、会社法が施行された時に、取締役の任期を１年にする等の一定の要件を満たせば取締役会で決議できるようになりました。

会社で稼いだキャッシュをどのように配分するか。これは経営者にとって重大な関心事項であり、意思決定をするにあたっての根幹部分になります。M&Aや設備投資のような成長投資に充てるのか、従業員とのエンゲージメントを高めるための人的資本投資に充てるのか、配当等の株主還元に充てるのか、経営者の裁量が大きくなるほど意思決定の選択肢が増え、企業価値向上に向け自由度の高い経営が実践できるようになります。

キャッシュの使い道として大きな割合を占める配当等の株主還元について、株主総会決議が必要となると、可決される可能性が高いとはいえ、相当なプレッシャーがかかることになります。剰余金の配当議案は、毎年株主総会に付議する必要があります。かつ、株主総会当日の修正動議（増配等）も認められています。想像に難くないと思いますが、株主総会は経営トップにとって、もっとも重要なイベントの一つであり、もっとも緊張し、頭を悩ませるものでもあります。株主からどんな質問が来るかわからず、株主総会の議事運営に無数のお堅い作法があるからです。事前準備に相当な時間を費やすことになります。

この剰余金の配当について、平成17年に会社法が施行されることによって、取締役会で決議できる道筋ができるようになりました。取締役の任期を１年にする等の定款変更することが要件となっており、株主総会に付議し議案が可決されれば、経営者によるキャッシュの使い道の自由度が増し、株主総会対応の負担も軽減されることになります。

上記のような**課題解決につながる定款変更の提案をすることができるかどうか、法務部門の力量が試される**ことになります。法務部門以外で会社法の改正動向をウォッチングしていることは少ないので、会社法改正に基づく提案は法務部門しかできないということになります。もし法務部門が提案をしないまま放置し、もしくは経営トップによる指示に基づいて定款変更の準備に取り掛かるようであれば論外です。

一方で、配当決議が取締役会でなされることについて、重要なステークホルダーである株主からは「自分たち（株主）のキャッシュを経営者に自由にさせるとはけしからん！」という声が上がることになります。このような声も無視できませんので、経営全般を見渡した上で、法務部門として定款変更すべきでないと判断する場合、話は別となります。実際、会社法施行時と比べて、コーポレートガバナンスの意識が格段に高まっています。現在、このような定款変更をしようとしても、投資家の目線も厳しくなっており、議案自体を可決することが難しくなっています。

法務部門の業務の中で、このような定款変更は経営にポジティブな意味で貢献できる数少ないものです。戦略法務機能を発揮する上でも重要であり、**コーポレート法務の真骨頂**だと思っています。

▶― 定款変更（機関設計の変更）

かなり大きな提案内容となりますが、法務部門によって、機関設計の変更の提案も可能です。典型的な事例が、監査役会設置会社から監査等委員会設置会社への移行です。平成26年の会社法改正によって、新たに認められるようになった機関の類型となります。

監査等委員会設置会社に移行すれば、一定の要件を満たせば、多くの執行案件を経営会議等に委譲することが可能になります。意思決定のスピード化が経営の重要課題になっている場合、監査等委員会設置会社への移行は大きな威力を発揮することができます。

また、違う観点から、上場企業の場合、社外取締役の選任が当たり前になりつつあるところ[10]、監査役会設置会社においては従前から半数以上の社外監査役の選任が必要となっています。会社の規模に比べて、社外役員の数が多くなり過ぎてしまうという問題が生じるケースがあります[11]。監査等委員会設置会社への移行によって、この問題も解決することになります。

取締役や監査役の構成にまで踏み込む内容であり、このような提案をすることについて、尻込みしてしまうかもしれません。しかし、移行によって、経営課題の解決につながる可能性があり、自社にとってマッチすると思え

10）日本企業の場合、取締役会において設備投資等の業務執行に関する意思決定をすることが多く（いわゆるマネジメントボード）、社外役員が多過ぎると、適切な意思決定ができない可能性がある。

11）CGコードの原則4－8において、プライム市場に上場している会社に対し、取締役の3分の1以上の社外取締役の選任を求めている。

ば、改正法施行前に会社に提案すべきであるし、少なくともこのようなオプションがあると提示すべきと考えています。

▶— 取締役会改革

現在、多くの上場企業が、取締役会をマネジメントボードからモニタリングボードへシフトさせています。時代の流れといってもよいでしょう。これまでの取締役会は、設備投資案件を代表例とする業務執行案件が付議され、意思決定していくことが主流でした。これがマネジメントボードと言われるものです。一方、CGコードが適用されるようになった2015年を境に、社長を中心とする執行側に対して社外取締役が中心となって監督を実施するモニタリングボードの要素を取り入れた運用を行う会社が増えてきています。CGコードの取締役会に対する基本的な考えは、モニタリングボードをベースにしています（多くのコードがモニタリング機能を高めるための内容となっている)。コーポレートガバナンスのグローバルスタンダードもモニタリングボードであり、この流れはこれからも加速すると予測しています。

まさに過渡期にあり、取締役会運営も大きく変わりつつあります。取締役会改革と言えるものが各社で起こっています。

世の中の状況の変化があれば、そこには必ず改善の芽があります。マネジメントボードとモニタリングボードでは、議案の内容が大きく異なります。個別の業務執行議案の数を減らし、中期経営計画や投資戦略、人事戦略等、大きな経営戦略に関する議案を増やすことになります。その過程において、取締役会のアジェンダ（議題とスケジュール)、議長の役割、議事の進め方、取締役会資料のあり方等を大きく変えていくことになります。モニタリングボードを是とする場合、まだできていないこと、もっと進化させることがたくさんあるはずであり、**法務部門にとってチャンス**となります。もし取締役会事務局が会社法やコーポレートガバナンスの知見に乏しい場合、改善事項を積極的にサジェスチョンしていけばよいでしょう（もっと踏み込んで、取締役会事務局の主管変更を申し出ることも考えられます)。

▶— CGコード対応

前述のとおり、CGコードは83のコードで成り立っており、各コードへの対応や姿勢について、会社として確定させていくプロセスが必要となります。

CGコードを見ればわかりますが、コードによっては経営企画マター、人事マター、財務マター、IRマター等があります。そこで、多くの会社では、主管部署がコードの担当部署に割り振って、対応案の作成を依頼するという運用をしているようです。中には、一つのコードに経営企画マターと人事マターが混在していることもありますので、主管部署は結構大変です。（もうお察しかと思いますが）**主管部署が法務部門でない場合、買って出てみる**ことです。本当に大変な業務なので、主管部署がイヤイヤ対応している可能性があります。買って出るとすんなり応じる可能性も高いと考えています。

主管部署となって取りまとめる場合、これだけは留意してほしいという点があります。間違っても担当部署から集まった対応案を、単にホッチキスで止めるようなことをしないことです。それは誰でもできることです。そこで全体のトーンを合わせたり、矛盾しているところは調整したり、差し戻したりという、**いわゆる編集者としてのエディターシップの姿勢が欠かせません。**

83もあるコードへの対応は本当に大変ですが、コーポレートガバナンスの要諦が詰まっているので、担当する者ひいては法務部門全体の能力向上が図られます。また、その成果物は取締役会参加者の目に触れるものなので、法務部門のプレゼンス向上につながるでしょう。

また、CGコードは原則３年に１回の改訂があり、改訂ごとに提案すべきネタがたくさん出てくることになります。前回の改訂（2021年６月）においては、取締役の３分の１以上、および指名委員会・報酬委員会の構成員の過半数を独立社外取締役とすることを求め（ただし、プライム市場上場会社のみに適用）、スキル・マトリックスの開示を求めています。

▶―　その他

これまで述べたもののほか、コーポレート法務として以下の対応があります。

・買収防衛策の導入や廃止の提案
・議決権制限株式（RS）、ストックオプション、ESOP等の株式報酬の提案
・株式分割、自社株取得等の提案

・人権デュー・デリジェンスへの対応

いずれも、会社の流れを作るもしくは変えるものであり、経営者の関心が高いものばかりです。

買収防衛策は、コーポレートガバナンス上、投資家がもっとも関心の高いテーマであり、余程のことがない限り賛成しません。投資家の評価とアクティビストによる経営の混乱のリスクを勘案しながら、導入もしくは廃止の提案をすることになります。

議決権制限株式（RS）等の株式報酬について、人事部門が主導している会社が多いと思います。しかしながら、ベースとして会社法の知識が必要なので、もし人事部門が提案しないのであれば、法務から提案してイニシアチブを取ることも考えられます。

株式分割や自社株取得について、ほとんどの会社について、財務部門が担当していると思います。ただし、双方とも主に株主や投資家向けのコーポレートアクションであり、会社法マターでもありますので、法務部門が関与することもおかしな話ではありません。

人権デュー・デリジェンスに関しては、会社によって主管部署がバラバラのようです。経営企画部門、サステナビリティ推進部門、調達部門、法務部門等といった感じです。これから重要となる経営テーマですので、積極的に関与することによって法務部門のプレゼンスを高めることが可能となります。

✓　領空侵犯をしてでも業務を取りに行く

コーポレート法務業務は、単独の部署で対応できるものが少なく、人事、財務、経営企画等事業部以外の他の部門と協働して進めることが多いといえます。**みっともないのは、各部門がお見合いをしてポテンヒットになること**です。これは会社として不幸なことです。法務部門のプレゼンスを高めるためには、関与しないもしくは受け身の姿勢ではなく、積極的に関与することから始まります。

なお、三井物産では、法務部門に求められる機能として「関係各部との協働を牽引するオーガナイザー機能」を上げています[12)]。領空侵犯をしてでも業務を取りに行き、オーガザイナー機能を発揮することが経営の一翼を担う法務部門と言えることになります。

✓　ネタの仕入れ方

コーポレート法務では、ちょっとした情報をきっかけに提案できることがたくさんあります。その意味で、ネタの仕入れがとても重要となります。

たとえば、「買収防衛策 投資家からさらなる厳しい目」や「○○社 買収防衛策導入議案かろうじて可決」といった見出しの新聞記事を見たとします。もし買収防衛策を導入している会社に所属しているとすれば、すぐに買収防衛策の継続の是非について、経営陣に働きかけることが求められます。他にも「役員の株式報酬導入企業数増加」の記事を見つけたら、その制度設計に着手もしくは人事担当役員に働きかけることも考えられます。

新聞記事には、こういった世の中の流れを示す記事が頻繁に出てきます。それをいち早くキャッチする必要があります。うかうかしていると、経営者や上司が先に情報をキャッチして、検討の指示が入ることになってしまいます。**指示をされてしまったら負け**です。

情報の入手の仕方はいろいろあります。新聞、ビジネス雑誌、法律雑誌、株懇[13]や経営法友会[14]からの情報、証券代行会社や証券会社からの情報、他社との情報交換で得た情報等です。

その中でも、まず励行すべきことは新聞を読むこと、特に日経新聞を読むことです。理由として、日経新聞が他の新聞より優れているというよりは、企業法務を取り巻く多くの人が読んでいるからです（経営者、弁護士、他企

12）高野雄市氏（三井物産株式会社常務執行役員法務部長、経営法友会代表幹事）による、法務省が主催する法曹養成制度改革連絡協議会向け説明資料（2022年7月4日）より（以下「高野資料」という）。

13）株式に関する法律と実務の調査・研究、会員会社相互の情報交換・交流を行い、また、関連法制度に関する意見提言等を行う、株式実務担当者の集まり（全国株懇連合会ホームページより）。

14）“企業法務実務担当者の情報交換の場”として発足。企業における「法務部門」の充実強化を目的とし、研修を通じた担当者のスキルアップ、実務情報の収集、さらに、所管官庁・関係団体に対し実務的見地からの意見提言、意見交換を行っている。

業の法務責任者等)。特に多くの経営者が読んでいることについては留意する必要があります。先ほどの記事の見出しを経営者が読んでいた場合、法務部門に検討の指示が入る可能性があります。「指示をされたら負け」状態が作られやすい状況になってしまいます。この意味において、日経ビジネス、東洋経済、週刊ダイヤモンド等のビジネス雑誌も経営者は読んでいることが多いので、目を通しておくことをおすすめします(少なくとも目次程度はチェックしておく)。

また、よりミクロな内容を入手するには、株懇や経営法友会からの情報が頼りになります。定期的な情報発信やセミナーの開催のほか、会員企業の担当者同士の意見交換の場も設けられています。

証券代行会社からの情報も有用です。証券代行会社とは株主名簿管理人(信託銀行が担うことが多い)のことで、株主総会関連の情報を中心にコーポレート法務系の良質な情報を提供してくれることが多い印象です。もし情報提供が少ないようであれば、窓口担当に依頼して積極的に情報を提供してもらうようにしておきましょう。

証券会社からは、株式報酬、自己株取得、株式分割、投資家の動向、買収防衛策、M&A等に関連する旬の情報を入手できることがあります。証券会社の営業担当者は、主に財務部門とコミュニケーションを取ることが多く、次いでM&Aの担当部門やIR部門と接点があります。また、特徴的なこととして、経営トップと定期的に面談しているので、証券会社の方が経営者のニーズを把握していることもあります。法務部門が接点を持つことは少ないと思いますが、定期的な情報交換の機会を持つことは大きなメリットがあります。

他社との情報交換から得た情報によって提案につながるケースもあります。「他社がやっているから」「同業のリーディングカンパニーがやっているから」は、理屈抜きに説得力があるものです。前述の株懇や経営法友会の意見交換の場を積極的に活用すれば、多くの情報を得られることになります。

良い提案(アウトプット)をするためには、良いインプットが必要です。良い仕入れがないと良い製品を作ることができないことと同じです。法務部門にとっての仕入れは「情報」になります。情報を常にアップデートできる体制を整えることが、良い成果物を出すことにつながります。

✓　まずは提案してみる！

情報を入手し良いプランを立てても、**提案しないかぎりは何も始まりません**。法務部門から経営者に対して、提案するという行動を起こしてから全ては始まります。どんどん「提案」という球を投げ込んでいってください。もちろん却下されるリスクはありますが、５回に１回くらいは通ればラッキーという気持ちで臨めば良いと思います。その１回が通った時、法務部門のプレゼンスが高まるだけでなく、部門全体のモチベーションアップにもつながるはずです。提案内容は自分（自部門）で考えて問題提起したものであり、それが承認されて会社のアクションとなり、会社を変えていくことになるわけです。このダイナミズムを味わうと、その後、球は投げやすくなり、投げたくもなってきますので良い循環が生まれます。

なお、提案することについては、相応の労力とコストがかかります。「目の前の業務でそんなことしている余裕がない」というところもあるかと思います（もしかしたら、ほとんどの法務部門がそのような状況かもしれません）。提案型の法務を目指す場合、必ずマンパワーの問題が出てきます。巨大企業であれば数十人規模の人員を抱えていることも少なくありませんが、５名以下の会社が多い状況です[15)]。今後、法務の業務は増えることはあっても減ることはないと予想されます。経営者の信頼を獲得し、予算や人員を増やす政策的な動きも必要となります。この点については次節で説明します。

コーポレート法務機能の強化の目的は、法務部門のプレゼンスを高めることにより、法務部門のメッセージを経営者や事業部に届きやすくするためのものです。言い換えれば、経営者の目に触れる業務を行い、その成果を正当に評価してもらい、普段目に触れない契約業務のことまで評価してもらい、その後の法務部門メンバーが働きやすくなるためのものです。

本節を読むと、単に「目立って経営者の感心を引く」と捉えられかねませんので、ここであらためて断っておきます。

15）米田憲市編＝経営法友会法務部門実態調査検討委員会著『会社法務部 第12次実態調査の分析報告』（商事法務、2022年）によると、法務担当者の人数が５名未満の会社は50.5％。本調査は経営法友会会員企業、公益社団法人商事法務研究会会員企業および証券取引所上場企業5,171社にアンケートを送付し1,233社からの回答結果に基づくもの。

Section 4

法務部門の組織力を高める

法務部門のミッションを定め（**Section 1**)、経営にインフルエンスを与える法務部門が何かについて理解（**Section 2**）した後は、それを実行するための組織体制と強化策を考える必要があります。

1　人員体制とローテーション

法務部門のミッションを前提とし、継続的に経営にインフルエンスを与える人員体制の話となります。

✓　同じキャラクターばかり集めない

法務部門に限らず、同じようなキャラクターの人間ばかり集めない方がよく、異なったキャラクターのそれぞれの強みを活かす方が総合力は高まります。私は20年近くマネージャーをしていますが、強く感じるところです。

また、一部の方しかわからないかもしれず申し訳ないのですが、ロールプレイングゲームのドラゴンクエスト（以下、「ドラクエ」といいます）の例で説明します。ドラクエには、戦士、魔法使い、僧侶、賢者、勇者等の属性を持ったキャラクターが登場します。戦士は肉弾戦に強く、魔法使いや僧侶は後方支援が得意、賢者はバランスの取れた能力を持ち、勇者はバランスが取れかつどの能力も高いというものです。戦士ばかり、魔法使いばかり集めても強いチームにはなりません。モンスターの集団にすぐにやっつけられてしまいます。全員勇者であればよいのですが、そううまくはいきません（実社会でも１つの部署にそのような超優秀な者ばかり集まっていることは少ない）。人にはそれぞれ弱みがあり、その弱みを他の人の強みでカバーしていくことになります。これがはまると、ドラクエでも実社会でも本当に強いチームになります。

もし、現状のメンバーが、**法律知識ばかりで本書で述べたようなスキルに乏しい場合、法律知識はまだまだなものの会社や事業部について抜群に詳しい人を入れて法務部門としての総合力を高めるという手があります**。もちろん、現状メンバーに対しても法律知識以外のスキル等についての教育や訓練を行う必要がありますが、人はすぐに変わることができません。人員配置で弱点をカバーする方法もあることを覚えておいてください。

また、法務相談の中には、法的論点を整理したとしても、結論を出すことが難しい案件があります。典型的なものは、法律上は問題ないものの、企業倫理上懸念があるケースです。ある意味、正解がないケースです。このような時でも法務部門としては、何らかの見解を出すことが求められています。このような時は、法務部門でミーティングを招集し、衆知を集めた上で判断することになります。ここに、法律以外のさまざまな視点を持ったメンバーがいると、よりまっとうな回答を出す可能性が高まります（まさにダイバーシティですね）。

このようなプロセスを経て出た結論や見解を、仮に経営会議や取締役会に出したとします。何らかの論点について役員から質問を受けたとしても、法務メンバー間ですでにディスカッションを経ているので「ご指摘の点について、我々も協議しましたが、〇〇という理由で問題はないと考えています」等の回答が出しやすくなります。私の経験上、多様なメンバーで、議論を尽くした結論ほど、経営者、事業部、世間からずれた見解を出す可能性は低くなるという実感です。このようなプロセスを経ても、間違ってしまうこともありますが、その可能性を大きく低減させることができます。

法務部門の人数が一定数いるにもかかわらず、判断が難しい案件の相談が来た場合、法務担当者と管理職だけで考えて結論を出してしまっていることはないでしょうか。そうではなく、**メンバー全員で議論する仕組みを構築すれば、より妥当な結論が出るようになり、法務部門の総合力が高まることになります。**

✓ ローテーション

先ほどの話にもつながるのですが、ローテーションは多様な人材を確保する有効な手段になります。以下は、ローテーションの主な例です。

図2-9 ローテーションの主な例

【ローテーション】
・法務部内のローテーション（担当業務の変更）
・国内担当⇔海外担当のローテーション
・事業部⇔法務のローテーション
・経営企画・人事・広報・IR等⇔ローテーション

いずれもオーソドックスなパターンであり、どの会社も多かれ少なかれ行っていると思います。大事なことは、多様な視点の獲得という意味において、戦略的かつ計画的に行うことです（場当たり的にならないように）。

法務部内に事業部の知見を広めたい場合は、担当変更のためのローテーション（A事業担当→B事業担当等）を中心に行えばよいですし、海外事業の拡大が重要な経営課題の場合は、国内と海外の担当のローテーションを実施して海外法務に対応できる人材を増やすことになります。現在の法務部門ひいては会社の課題に合わせて実施していくことが重要です。

前項でも触れましたが、事業部視点の獲得のため、事業部に法務担当者を送り込むことや、経営視点獲得のため経営企画部等に送り込むことが多くの会社で行われています。これも法務部門や会社の課題に合わせて行う必要があります。なお、事業部や経営企画部門の立場になったとしても、法務担当者の加入は大きなメリットがあります。たとえば、M&Aを進める場合、あらかじめ潰しておくべき法的論点を早期に把握することができ、対処も早期に行うことができます（案件が進んでから相談に来られて、対処方法が限られてしまうケースを経験した方も多いと思います）。法務担当者が帰任した後でも、事業部や経営企画部のスキルとして風土として残すことができます。つまり、リーガルマインドを植え付けることができるのです。法務部門としても、その後、現場とのやり取りがスムーズになることが予想されます。

また、私は広報やIR部門を担当した経験から、法務業務とのシナジーが大きいことに気づきました。この点については、この後のColumnにてお話しします。

なお、三井物産の法務部門においても、次のような取組みを行っています（前出の高野資料より）。

> 法務専門性を養うことに加え、事業部、経営企画部、人事総務部、IR部、監査役室などへの社内出向や、現地法人・子会社の法務部などへの出向を通じて経験の幅を広げ、経営法務人材としての成長を支援

✓　企業内弁護士について

法務の人員体制について考える場合、企業内弁護士の存在感が年々高まっています。日本組織内弁護士協会（JILA）によると、その数は3,184名にのぼります（2023年６月現在）。大都市の弁護士会に匹敵するレベルになっています。

企業内弁護士は、日本組織内弁護士協会に所属していることが多く、かつ弁護士会にも所属していることから、法曹界に広いネットワークを持っています（司法修習の同期には弁護士のほか、裁判官や検察官もいる）。企業内弁護士が加入すれば、法務部門に新しい知見をもたらすことになり、部門のプレゼンス向上にもつながることになります。

10年程前の私の企業内弁護士に対する印象は、弁護士資格を持たない法務担当者と比べて、大変失礼ながら「頭でっかち」「プライドが非常に高い」というものでした（これは私以外の法務マネージャーにおいても一般的な印象であったと思います）。専門性の高さゆえ、それ以外のスキル獲得の意欲を持つ人が少なかったのかもしれません。ただし、現在は時代も変わり、法律以外の知識やスキルを持ち合わせたバランス感覚を持った人が多くなってお

り、隔世の感があります。

企業内弁護士の中には、法律事務所での勤務経験がある人も数多くいます。**弁護士として多数のクライアントからさまざまな相談を受けた経験は、一企業に所属しているだけでは獲得できないもの**です。自社だけの常識に囚われないので、法務部門が見解を出すにあたっての多様性が広がることにつながり、大変貴重な存在となります。

このような人材を獲得しない手はありません。将来的に、多くの法務担当者が企業内弁護士で占めることになるのではないかと思います。まだ一部の大企業に偏っているようですが、今後日本企業の法務部門全体に裾野が広がっていくことは間違いありません。法務部門のトップとしてのCLO（Chief Legal Officer）やジェネラル・カウンシル（General Council）は、弁護士資格を持たないとなれないという時代が来るのではないかと考えています。

企業内弁護士の加入が進むと、（老婆心ながら）弁護士資格を持たない法務担当者は奮起をしければならなくなります。まったく同じ法律知識を持っているとしても、相手は弁護士資格という非常にわかりやすい「武器」を持っているので、相当差別化した働きや成果を出さないと評価されなくなる可能性があります。資格の有無だけでそのように判断されることは理不尽かもしれませんが、現時点でかなりの危機感を持った方がよいと思っています。法務マネージャーもこのあたりの問題を認識しながら部下育成をしていく必要があるでしょう。

ちなみに、私は司法書士の有資格者であり「日本組織内司法書士協会(JISA)」に所属しています。企業内弁護士だけでなく企業内司法書士も存在することを頭の片隅に置いていただければと思います。

Column　ローテーションの有力候補としてIRはおすすめ

法務とIRのローテーションはあまり一般的ではありません。

私はIRを約７年経験したことから、実はかなりシナジーがあると思っています。

ちなみに、IRの主な業務は以下のとおりです（ただし会社によって多少異なります）。

・ターゲットとすべき投資家の分析と選定
・(投資家に説明するための）コーポレートストーリーの作成
・投資家との面談（私の場合、年間250件程度。多い会社では年間500件以上）
・投資家意見の経営陣へのフィードバック（取締役会や経営会議に報告）
・決算説明会対応
・統合報告書の作成

上記の業務を行うには、まさに会社を知り、事業を知らなければなりません。そうしないと、投資家からの千本ノックのような質問に対応できないからです。IRを経験すると、このインプットが一気に進みます。

投資家の一部は株主であり、**IRは会社と株主とのコミュニケーションとなります。これはまさに会社法やコーポレートガバナンの現場そのもの**です。これには法務として知識が活きます。そして何より、投資家がどのように考え、どのような問題意識を持ち、どのように企業を見ているのかを肌で感じることができることが、その後**コーポレートガバナンスやコーポレート法務をする上で、極めて良質な経験**となります。

また、IRの業務では話す機会が激増するので、プレゼン能力も向上します。私は長年プレゼンが苦手で今も好きではありませんが、IRで1,000回以上投資家と面談したことから、だいぶん改善されたという実感があります（正確にいうと慣れただけで、うまくなったわけではありません)。

さらに、IR担当者で会社法に詳しい人は非常に少ないので、IR部門で法務担当者の知識も活かされることになります。

法務部門は慢性的に人手不足のことが多いですが、IR部門とのローテーションも候補の一つとして入れる価値はあります。

Column　記者会見時における法務対広報の戦い

一般に、企業不祥事の対応において、法務と広報は仲が悪いと言われています。不祥事対応の象徴となる記者会見時にそれが顕著になって現れます。それぞれの裏に弁護士と危機管理コンサルタントがいて、こちらも対立することがあり、ややこしいことになるケースがあるようです（ちなみに、私が所属する会社において記者会見を行ったことはなく、本Columnは私が見聞きした知見に基づく考えとなります)。少し長くなりますが、お付き合いください。

私は広報のマネージャーも５年経験しましたので、法務と広報双方の観点を理解しているつもりです。その視点でこの問題について考えたいと思います。

対立の根っこは、記者会見対応の目的の違いにあると思っています。

多くの場合、法務が重視する記者会見の目的と、広報が重視する目的が異なっていると感じることがあります。**法務の主な目的はリーガルリスクの低減**です。記者会見での受け答えが、不祥事に関連する特定のステークホルダーを意識して対応しようとします。具体的には、製品回収を例にすると、損害賠償されうる消費者、代表訴訟されうる株主、行政処分されうる監督官庁等です。つまり、損害賠償額を大きくしないこと、代表訴訟にされないこと、行政処分が下されないことを目的に、想定問答が作成され、記者会見も運営されることになります。これは当然のことだと思います。

一方、広報は全ステークホルダーを意識します。言葉を変えると「世間様」となります。記者会見の受け答えが、世間様から見てどう映るかを重視します。つまり、**広報はレピュテーションリスクの低減を最大の目的**とします。

双方の目的はそれぞれ間違っているものではありません。双方の問題を意識して対応することは当然です。ただし、記者会見に来ている記者の目的と法務の目的が異なることから、記者会見が荒れることが多々あります。

どういうことかと言いますと、以下のとおりとなります。

法務の目的：リーガルリスクの低減→特定のステークホルダーを意識
広報の目的：レピュテーションリスクの低減→全てのステークホルダー（≒世間様）を意識
記者の目的：全てのステークホルダー（≒世間様）に向けた情報発信

記者はメディア（媒体）です。記者の目的は、自らが媒体となって、世間一般へ向けて情報を発信することになります。全ステークホルダーに対しての情報発信に近く、特定の消費者や株主に対して情報を発信するわけではないということになります。

ここでお気づきと思いますが、**記者の目的と広報の目的が似ており、法務の目的とは乖離している**ことがわかります。記者会見の主催者と参加者で、目的が異なる場合、うまく噛み合うはずがありません。

主に法務が重視する目的（リーガルリスクの低減）で記者会見をすると、「その点についてはお答えできません」等の官僚的な答弁や逃げの回答につながります。また、裁判になった場合の悪影響を恐れて「余計なことは言わない」というモードになり、弁護士を同席させてしまうことになります。こうなると、記者会見が証人尋問のような雰囲気になっていまい、記者からの反発を買うことになります。

一方、広報が重視する目的（レピュテーションリスクの低減）の場合、世間様を意識して運営するので、官僚答弁ではなく、**「逃げない、隠さない、うそをつかない」というスタンス**で臨もうとします（ただし、言うは易しであり、徹底することは本当に難しい）。この姿勢の方が、世間の方や記者からの反発は小さくて済むことになります。ただし、余計なことまでペラペラ話してしまうと、リーガルリスクを上げてしまうことになってしまいます。

結局のところ、双方のバランスを取ることが重要になりますが、どちらに重点を置くべきかについては、レピュテーションリスクの低減の方だと考えています。

記者会見に来る新聞記者は、主に社会部の記者です（普段企業が接するのは経済部の記者）。私は広報時代、社会部の記者の感度を確認するために、たくさんの記者の意見を聞きました。共通することは、**「企業でも間違いを起こすのは仕方ない、企業の姿勢として、その後誠実かつ適切に対応しているかが大事」**という認識を持っていることでした。記者会見で官僚的な答弁をしてしまうと、不誠実という烙印を押され、記者からの質問のトーンも厳しくなり、炎上リスクを上げてしまうことになります。

広報主導で記者会見を運営しつつも、リーガルリスクの観点から絶対に言ってはいけないことだけ留意することが、適切だと考えています。

さらに、法務と広報の得意分野を活かした役割分担を決めることが大切です。広報は記者会見の運営とシナリオ・想定問答の作成を担い、法務は、初期段階の事実関係の正確かつ素早い整理、想定問答の論理性の確認をすることです。この点は、広報より法務の方が圧倒的に得意だと考えています。

両部門が密に連携して対応することが肝要です（結局最後はありきたりの言い回しとなりました）。

Column　ローテーションの有力候補として広報はおすすめ

前のColumnのとおり、法務と広報にも、危機管理対応において大きなシナジーがあります。

記者会見時に至らずとも、ちょっとした問題が生じれば想定問答を作るケースがあります。

広報を経験した立場から見ると、事業部や法務が作成したものは、どうしても「川上」の視点になりがちです。実際に記者や消費者に接する広報やお客様相談室の視点、つまり「川下」視点で作成されていないことがあります。

広報時代、紋切型の回答案や逃げの回答案を見ることもあり、「そんな内容で実際にお客様に回答できる訳がない！」と差し戻したり、こちらで修正したりすることもありました。

法務だけでなく広報も経験すると、広報が得意とする川下視点での対応ができるようになり、かつ法務が得意とする素早い事実認定とロジカルシンキングができるので、会社にとって非常に有用な人材になるはずです。

2　法務企画機能の強化――来た球だけを打たない

法務部門が経営にインフルエンスを与えるためには、法務企画機能の強化が不可欠です。私は「来た球だけを打たない」という言葉をよく使います。法務業務に当てはめると、契約書チェック依頼に応じてチェックする、コンプライアンスに関する相談があるので相談に乗る、経営企画からの依頼によりM&Aのデュー・デリジェンスの対応をするといった対応だけではいけないということです。これらは**来た球を打っているだけ**です。

日々の業務だけに専念してしまうと、法務部門の組織としての中長期的な成長スピードが著しく遅くなるのではないかと考えています。日々の業務だけの対応に終始する場合、その「来た球」に対してだけ打つ技術が高くなります。その他の要素を伸ばす機会を失ってしまうことになります。たとえば、下請法の相談ばかり来る場合、下請法には強くなるかもしれませんが、景表法に関する知見の獲得がなおざりになる可能性があります。法務部門としてバランスを欠く状態になってしまうことにつながります。また、将来を見越して打つべき手も打てなくなることも考えられます。経営方針として海外事業を大きく伸ばすことが明確な場合、それに何ら手を打てない（英文契約対応のスキルの獲得や人材獲得等）ということにもなります。

このような事態を避けるために、法務企画機能の強化が非常に重要になります。

✓　法務部門の中期計画の策定

法務企画の中心となるものは、中期計画の策定です。もし策定したことがない場合でも、詳細に作り込む必要はありません。最初はざっくりしたものでもよいので、ますは作成に着手し、問題意識を持つことが重要となります。中期計画がない状態は、地図がない状態で旅に出るようなものであり、行き当たりばったりの対応になってしまいます。自社を取り巻く経営環境や事業環境、ビジネスモデル、経営方針等を把握し、法務部門が求められていることを大まかに把握することから始めてください[16]。

求められていることがわかれば、次は自部門の状況（人員や予算）や日々の業務について棚卸しをします。求められていることに対し、自部門の状況や業務内容・業務量がマッチしているかを確認することになります。もしそこにギャップがあれば、そのギャップを埋めるためのプランが中期計画となります（もちろん、すぐに改善できるものは改善）。

求められることに対し、人員は足りているか、予算は確保できているか、必要な教育はできているか等の問題点をピックアップし、その解決策を検討することになります。以下、架空のケースに当てはめていきます。

〈A社法務部門のケース〉
【A社の概要】
- 業　種：食品メーカー（東証プライム市場）
- 創　立：1985年
- 売　上：約400億円
- 海外売上比率：20%
- 従業員：約1,000名
- 経営課題①：海外売上比率の向上（5年後目標：40%）
- 経営課題②：新規事業として、2年後を目処に、特定保健用食品や機能性表示食品の分野に参入（方向性について取締役会において了承された）
- 社長の動向：社長と投資家（大株主でもある）とのIR面談において、サプライチェーン上における人権デュー・デリジェンスについての取

16） Chapter 3 ①法務部門の明確なミッションの設定 参照。

組みを聞かれ、何も対応していないことに対し強く指摘された模様。
・その他：取締役会事務局（総務課）が、社外取締役の増加によって運営の難度が上がり、手を焼いている

【A社法務部門の概要】
・組　織：総務部の中に総務課と法務課が設置されている
・人　員：4名（うち課長1名）
・主な業務：契約書審査、法的リスクの対応、コンプライアンス体制の整備および教育の実施（これらの業務の対応だけで、慢性的に自転車操業が続いている）
・職　歴：法務経験がある者2名（うち1名は課長）
経理部門から異動してきた者1名
営業部門から異動してきた者1名
・経験年数：課長を除き、全員5年以内
・顧問弁護士：中堅事務所所属のオールラウンダー弁護士
・その他：英文契約書審査等の海外法務の対応ができる者は課長だけ

このケースに基づいた課題と対策の一例としては、以下のとおりとなります。

〈課題と対策〉
・**海外法務機能強化**
英文契約書審査ができる法務担当者の育成
海外法務の相談ができる弁護士の探索
・**新規事業への対応準備**
健康増進法のスタディ開始
・**サプライチェーン上の人権対応**
人権デュー・デリジェンスの実施（前提として関連部署との調整）
・**法務業務の棚卸しと業務の見直し**
止める業務の決定
アウトソースの検討
IT/DX化の検討
・**人員増と予算増**
現状の業務と将来見込まれる業務を見える化し、法務担当役員や財務担当役

員に説明
・**業務領域の拡大**
　取締役会事務局を総務課から引き継ぐことの検討

現実にはもっと多くの情報があり、複雑に絡み合うので、対策を立てることも難しくなるのですが、例としてはかなりシンプルにしています。

課題と対策のポイントは「先手」です。会社の動きや自部門の状況を勘案し、先回りして対応していかなければなりません。

このケースでは、A社の経営課題が「海外売上比率の向上（5年後目標：40%）」であり、これに対応できる体制を敷いておく必要があります。現時点において海外契約書審査ができる者は法務課長だけですので、人材育成が喫緊の課題となります（もし余裕があれば新規採用という手もあるでしょう）。英文契約書関連の連続セミナー等を受けてもらったり、書籍を読んでもらったりして計画的に研鑽してもらうことになります（目標管理項目に入れておくことが効果的）。また、この分野において信頼できる弁護士の確保も不可欠となります。

次に、新規事業として、特定保健用食品や機能性表示食品の分野に新規参入するという方向性が取締役会で了承されています。それも2年後ということなので、法務部門としても、関連法規である健康増進法と当局の考え等をスタディしておくことになります。

これらの経営課題については、通常、中期経営計画や社長メッセージ等で言及されていることが多いので、もし対応準備を怠っていた場合、「うちの法務は経営方針もわかってなかったのか」という評価を下されてしまいます。中期経営計画等で方針が発信されている場合、**具体的な指示がない場合でも、暗黙の指示と捉えて先回りして動いていく**必要があります。

社長が大株主である投資家とのIR面談において、サプライチェーン上における人権デュー・デリジェンスについての取組みがなされていないことについて強く指摘されています。人権デュー・デリジェンスは、人事、経営企画（もしくはサステナビリティ担当部署）、法務が連携する必要があるものの、主管部署は会社によってマチマチです。社長から「人事主導で検討せよ」等の明示的な指示があるかもしれませんが、もしなければ互いに押し付け合ってポテンヒットになる可能性があります。私はIR面談の話を耳にした段階で、人事や経営企画と課題や役割分担の整理をしておくべきと考えています。社長とIR面談の内容は、IR部門がその内容を記録していることがほとんどなので、概要だけでも聞いておくことよいでしょう。先手のネタの候補が見つかると思います。

先手を打ちたくても、対応する人員がいないという問題があります。「そんなことしている余裕はない」という声が聞こえてきそうです。本ケースでも、慢性的な自転車操業が続いているのでなおさらです。しかし、それではいつまでたっても自転車操業から抜け出せないことになり、業務品質も高めることができません。法務部門への評価も高まらないことになります。そのために、業務の棚卸しと業務の見直しが必要となります。何年も業務の棚卸しをしていない場合、やらなくてもよい業務が溜まっている可能性があります。５年前に役員に言われた指示で今は必要でなくなっている業務もあるでしょうし、極めてリスクの少ない契約書審査は事業部に任せるといった手もあります（私の経験で「自動販売機設置契約」というものがあり、さすがにこのようなものは現場で見てほしいと思ってしまいました）。ここでのポイントは、「ずっと続けているので止めてしまっていいのかな？」と思っているものについて、**止める決定を勇気を持って行うこと**です。そうしないと業務が水ぶくれしていくことにあり、自部門のメンバーを苦しめることになります。

以前であれば、少々忙しくてもがむしゃらに働くことによって帳尻を合わすことができました。働き方改革が進んでいる現在ではそのようなことはできません。限られた時間とリソースの中で、法務業務の質と効率を上げる必要があります。そのために、法務部門の総合力を高める必要があります。弁護士へのアウトソース、部員の教育、リーガルテックの導入、ナレッジマネジメントの推進等の対応を進めていくことになります。それぞれ弁護士費用、セミナー受講費、書籍購入費、リーガルテック関連システムの導入費等の「費用」がかかります。一般的に、日本企業の場合、知的生産性を上げるための支出に積極的でないことが多く、費用を捻出することが難しいかもしれません。法務部門は１円のキャッシュも生み出さないコストセンターと思われていることが多いのでなおさらです。**上層部の理解を得るためには、「投資」と言い換えてもよい**と思います。その後の法務部門の能力向上につながるものも多いからです。

このような知的生産性を上げるためのアイデア出しを、少なくとも年に１回、半日程度をかけてブレインストーミングするのがよいでしょう。

これまでの過程において、自部門に求められていることと自部門の状況について把握ができており、そのギャップを埋める対策案も検討済みということになります。それでも、どうしても人員や予算が足りないのであれば、必要な人員と金額を提示することになります。漠然と「忙しいから」や「人が足りない」というだけでは、会社は経営資源を配分してくれません。これまでの課題と対策をまとめることで「見える化」することが大切です（これに通常業務への対応強化策をまとめたものを本書では「法務中期計画」と呼びます)。

会社によって事情が異なると思いますが、**法務中期計画を、次年度の人員計画や予算策定前の段階に提出**し、会社に然るべき人員と予算を求めます。法務中期計画は、法務担当役員や財務担当役員に提出し、“オフィシャルなもの”にすることがポイントです。そうすると、相応の反応が返ってくると思います。もちろん、会社全体の課題を見据えた上で、役員から「申し訳ないが、来年は我慢してくれ」と言われるかもしれませんが、毎年続けると効果が出る可能性が大幅にアップするはずです。何かをしなければ、何も変わりません。

総務課が取締役会事務局を担当しており、対応に苦慮しているようです。前節でも説明しましたが、このような場合は法務部門が買って出ることを推奨しています（ハードルが高いことは承知していますが)。質の高い多くの経営情報が入ってくるので、今後の法務部門のプレゼンス向上につながります。

法務部門が経営にインフルエンスを与えるためには、より多くの経営資源（人員・予算）が必要で、与えられた経営資源によってさらに経営にインフルエンスを与えるとより多くの経営資源が集まるようになります。法務企画機能を強化し、この正のスパイラルに持ち込みたいものです。

Column　法務の教育プランの作成＋維持はとても難しい

法務の教育プランの作成（特に新メンバー向け）は難しく、とりわけ、それを継続して維持し実施することは非常に困難なことだと思っています。

法務として習得が必要な事項は、民法、会社法、個人情報保護法、独禁法景表法等の法律のほか、NDA、業務委託契約、売買契約等の契約書類型ごとの留意点（英文契約書含む）等、数え上げればきりがありません。

新メンバーへの教育は、どの会社でも課題として上げていることが多く、何年かに１度、気合いを入れて教育ツールを作成しているところも多いのではないでしょうか。

ただ、各テーマの教育ツール（説明資料等）を膨大な時間をかけて作成することによって、その年に加入した新メンバーには充実した教育が実施されるでしょう。しかし、次の新メンバーのための「リバイス問題」が生じます。

毎年新たなメンバーが入ってくるような多くの法務部員を抱えるところでは、毎年自然に、法改正等に対応したリバイスをするでしょう。毎年のことなので、リバイスする手間も少なく、対応する人員もいるはずです。しかし、数年に１回や５年に１回程度しか入ってこないような場合、何年も経過していることから改訂すべき点が多く、リバイスだけでも相当の手間と時間がかかってしまいます（ややもすると、最初から作り直した方が早いということになります）。結果、リバイスに着手する時間も人手もないままとなり、資料が使えないものになってしまい、レガシー化してしまいます。

私は過去にいろいろとこの問題について考えてきましたが、解決する方法を未だ見いだせていません。会社の業種によって法務担当者が学ぶべき内容は異なりますが、外部セミナーを活用し、OJTでそれをカバーすることが結局は現実的な打ち手かもしれません……。

３　良い弁護士の選定

良い弁護士は、法務部門の機能強化において、欠かせない存在です。良い弁護士とはどのような弁護士でしょうか。

私が考える良い弁護士の条件は以下のとおりです。

図2-10　良い弁護士の条件

【良い弁護士の条件】
・専門性が高いこと
・その分野の対応件数が多いこと
・自社、自社が属する業界ひいてはビジネス全般について造詣が深いこと
・創造力があること
・人間性
・クライアントにはっきりとものが言えること
・**クライアントに寄り添う姿勢があること**

専門性が高いことは言うまでもありません。それにプラスして、その分野の対応件数が多いことも重視しています。仮に、まったく同じ能力でも、たとえばM&Aを100件経験したことがある人と５件経験したことがある人であれば、前者に依頼した方が良いアウトプットや良いアドバイスを得られる可能性が高くなります。

また、自社が属する業界の知見があること、ひいてはビジネス全般についての造詣が深いことも当然ながら重視しています。さらに、自社に関する理解が深いことも重要であり、お付き合いしている期間や案件数も重要な要素になってきます。ビジネス全般の知見、業界の知見、自社の理解をベースにした法的アドバイスは、非常に心強いものとなります。

弁護士からの見解やアドバイスの内容が、法律や判例の形式的な当てはめであると、それでは誰でもできることですし、法務担当者でもある程度可能です。多くの引き出しを持ち、さまざまな角度から検討を加えた上でのアウトプットを出すこと、つまり創造力も重要な要素です。

弁護士の人間性も重要な要素です。リーガルのアドバイスをするにあたり、人間性なくして法務担当者の心を動かすことは難しいからです。その証拠に、私はこれまで何百人もの弁護士と面談してきましたが、一流と言われる弁護士は総じて人格者だとつくづく感じます。

また、**クライアントに寄り添いながらも、クライアントが間違っていた時**

にははっきりものを言ってくれる（それも人間味が溢れた言い方で）。このような姿勢の弁護士に私は全幅の信頼をおきます（ただし、該当する方は非常に少ない）。すでに気づいていると思いますが、これは**Section 2**で縷々説明した法務担当者が持つべき要素とまったく同じことなのです。

良い弁護士は、法務部門の機能強化にドライブをかけてくれます。

Column　弁護士との向き合い方、付き合い方

普段、弁護士とどのように付き合っているでしょうか。法律相談をして回答を得るというルーティンを、何の工夫もなしに繰り返すだけでは弁護士の力を最大限に引き出すことは難しいといえます。

弁護士は何十社ものクライアントを抱えており、優秀な弁護士ほどクライアントからの相談がひっきりなしに来ています。その中で、少しでも自社または相談している案件の優先順位を上げてもらう工夫が必要となります。

ポイントは、弁護士の成果物に対して、きちんとフィードバックをすることです（特に良くない成果物を出してきた時）。弁護士も人ですので、他の案件で忙しい場合、すべての案件を丁寧に対応する時間がない時があります。明らかに手を抜いた成果物を出してきたとき、紋切り型の回答しかしないとき、回答が期限を大幅に過ぎたとき等は、こちらの期待に応えてくれていないことを明言すべきと考えています。このようなフィードバックをしないとどうなるか。弁護士に対しては「このクライアントは少々手を抜いても大丈夫」という認識を与えてしまうことになります。弁護士は「先生」と呼ばれており、社会的地位も高いということもあり、不満があったとしても指摘しないままのことも多いのではないでしょうか。何も言わないと、自社にとってもよくないですし、弁護士としても改善する機会を失うので、誰も得をしないことになります。私の経験上、**優秀な弁護士ほど、指摘をしたときに真摯に向き合って改善につなげてくれる**ことが多いです（実際は、その弁護士に問題があったというよりも、アソシエイトの成果物に問題があるケースが多く、その後のチェックをよりきちんと行っていただくことになります）。

一方、こちらの期待を上回る成果物を出してもらったときには、どのような点がよかったかというフィードバックと感謝・お礼の言葉は欠かせないことは言うまでもありません。

弁護士は法務部門になくてはならないビジネスパートナーです。立場が上と

か下とかまったく関係ありません。お互いに良いところ悪いところがあれば指摘し合い、本音で議論し、切磋琢磨していく関係が理想です。
　そのために、定期的に懇親会を設け、胸襟を開いて話をすることは非常に有意義と思っています（Priceless！）。

4　法務企画担当者の採用・育成

　本節で説明してきた法務の組織力を高めるための取組みは、契約書審査等の法務の通常業務とまったく異なるものです。求められる資質も異なります。自部門の問題をもとに課題設定する企画力が求められます。一般的に、これを得意とする法務担当者はマネージャーも含めて少ないのではないかと思います。
　自部門を振り返って、幸運にも企画が得意でセンスのあるメンバーがいれば、その人にミッションを与えることで、企画力を高めることができます。本書で記載した法務中期計画等を作成し、中長期的な法務部門の能力向上に寄与することになるでしょう。
　ただ、ほとんどの会社の法務部門の所属員が５名以下であることから考えると、企画力やセンスのある人がいる可能性はどちらかといえば低いと思いますので、何らかの対策が必要です。主なものは以下のとおりです。

①　現・法務担当者の企画力・センスを育成
②　企画力・センスのある法務企画担当者を採用
③　経営企画部にアドバイスをもらう
④　コンサルティング会社に依頼する
⑤　他社の事例を参考にする

　中心となる対策は、①か②になると思います。
　①について、もともと企画力のない者を育成することは、時間がかかりますし、センスの問題は育成では解決しない可能性があります。長期的な視点での育成がどうしても必要になります。
　②について、もし中途採用の計画があるようであれば、企画力の有無も採用項目に入れておくとよいでしょう。ただ、中途採用をかける場合、猫の手

も借りたい状態になっていることが多く、即戦力を採ってしまいがちです。そこをぐっと我慢して、中長期視点で法務の組織力を向上させるため、企画力のある法務担当者を採用することも得策かと考えています。

③は経営企画部に関心、余力、センスがあればお願いしてみるのも手です。また、④は費用面が問題となるのみならず、そもそもこの分野の得意なコンサルティング会社が少ないので難しいといえます。⑤について、どの会社の法務部門も似たような課題を持っていることが多いです。自社の課題設定をする際、他社ヒアリングを実施し、足りない要素を補充することも有効です。

5　法務メンバー意識改革

経営にインフルエンスを与える法務担当者や法務部門について説明してきました。本書を読んでいる方は、そもそも問題意識があり、本書を読んで新たな気づきもあったかと思います（おそらく）。しかし、**自身が法務マネージャーであっても、部門全体が変わらなければ効果は激減**します。

法務部門全体が経営にインフルエンスを与える存在になるためには、メンバーの意識改革が必要となります。

✓　法務部門のミッションと行動原則の設定と浸透

その出発点になるものが、法務部門のミッションと行動原則の設定です（ミッションについては本節で触れました）。行動原則は、ミッションや法務担当者としてのあるべき姿勢や行動を文章にしたものです（私が作成するとすれば、本書の要素を箇条書きにしたものにすると思います）。**自部門として、何を目的に業務を行い何を大事な行動と考えているのかを明示することから始める**ことになります。

ミッションと行動原則を作成するだけでも大変ですが、ここからが重要です。**行動原則等をメンバーに伝え、理解し、行動に移してもらわなければなりません。**

ここで失敗しがちなのが、部の全体ミーティング等で、意気揚々と発表してそれで終わってしまうことです。その後の継続的な努力と工夫がなければ、浸透することはまずあり得ません。

浸透させるためには、以下の取組みを継続的に行うことが必要です。

① 繰り返し何度も何度も伝える
② 行動原則に合致した行動をとった者をほめる
③ 行動原則に反した行動をとった者をしかる

①において、法務部門としての正しい行動や、やってはいけないことを、繰り返し繰り返し何度も何度も伝えます（１回言ったら伝わるという思いを取り払うことが大事)。抵抗勢力がいて陰口を言われてもめげずに、規範をメンバーの頭に刷り込む、刻み込むまで行い、「○○さんがいつも言っているように、現場にNOばかり言っていてはダメだよな」という発言が出ればしめたものです。

そして、②③のことを適時・適切に行います。メンバーが、せっかく行動原則に合致した行動をとったのに「放ったらかし」ではいけません。合致した行動をとった人を必ずほめるようにしてください。そうすると同じ行動を取る人が出てきます（逆に、合致しない行動をとった人を叱ると同様の行動をとる人は少なくなる)。ほめた人を部の全体会議やメールの全配信等でフィードバックするとより効果的です。その際、どの行動がよかったのか、どんな効果があったのかを具体的に称賛するとよいでしょう。

どれも非常に基本的なことで地味なことですが、このような努力や工夫を続けると、必ずメンバーの意識と行動が変わり、法務部門の風土まで変わるはずです（早ければ数ヶ月で効果が出るでしょう)。その効果は絶大です。逆にこれらのことを地道に行わないと、組織は何も変わりません。

✓　事業部へのアンケート実施

事業部等へのアンケートを実施することも有効な手段です。完璧な対応をしている法務部門はありませんし、コンフォートゾーンに居座る法務担当者も一定数いることから、アンケート結果には多かれ少なかれダメ出しの要素が含まれることになります。「事業部の人に、法務は事業のことをわかっていないと酷評されていたのか」とか「思ったより自分の評価が低い」等の気づきを与えられることが多いです。しかも、**上から言われるよりも、普段接している事業部から耳の痛いことを言われる方が、効き目があります**。メンバーの意識改革の早道であると考えています。

アンケート項目については、在り方研究会報告書の別紙1[17]に記載されています。以下、主な質問事項を抜粋します。

【主な質問事項】
・相談のしやすさ、アクセスの良さ
・レスポンスの早さ（初期の連絡、その後の対応の速さ）
・事業部の質問および懸念に対して、どの程度効果的に対応しているか
・事業部の最初の案が法務基準に照らし合わせて難しい（OKがでない）場合、法務部は、独創的な次善策・代替案を見つける上でどの程度役に立てているか
・どの程度明確・わかりやすくアドバイス（助言・回答）を提供しているか
・一緒に仕事をして、どの程度楽しいか
・全体的な満足度

ちなみに、このアンケートでは、法務部門の専門性の高さについて真正面から聞いた質問はありません。これは事業部に法務の専門性の高さを判断することができないからです。専門性以外の総合力の高さを聞いているわけです。

アンケート結果が低ければ当然ショックを受けます。そこから危機感が生まれ、行動の改善につながります。継続的にアンケートを取り、PDCAを回すとより効果的でしょう。

6　社外ネットワークの構築

法務部門の組織力を高めるための取り組みとして、社外ネットワークの構築が欠かせません。

17）在り方研究会報告書（https://www.meti.go.jp/shingikai/economy/homu_kino/pdf/20191119_report.pdf）

✓　他社の法務担当者との交流

さまざまな取組みを行い、法務部門の機能や組織力を強化したとしても、自部門の対応レベルが、他社と比較して優れているのかわかりません。つまり相対評価ができず、井の中の蛙になってしまう可能性があります。

そこで重要となるのが社外ネットワークの構築となります。他社と交流し、自部門の対応レベルを定点観測することができます。他社と交流することによる主なメリットは以下のとおりです。

①自部門の対応レベルが把握できる
②他社の良い取組みを入手し、自社に取り入れることができる
③最新の法務業界の情報や法改正情報を入手しやすくなる
④メンバーの成長につながる（切磋琢磨できる相手が見つかった場合）

他社の法務部門との接点がなければ、他の部門から紹介してもらうこと（たとえば自社の人事部門が他社の同部門と交流がある場合、そこから紹介してもらう）、弁護士から紹介してもらうこと等が考えられます。

一度に多数の方と知り合うには、株懇や経営法友会などの団体が実施する研究会等[18]に参加する方法もあります。参加する法務担当者の専門性も高まりますし、研究会終了後に懇親会が開催されることもあり、交流を深める上では非常に効果があります（研究会のつながりをきっかけに、一生の付き合いに発展することも多い）。

また、法務担当者が、懇意の仲間を集めて勉強会を開催していることもあります。このような勉強会の情報が入ったり、声をかけられたりしたら積極的に参加することをおすすめします。私もこのような勉強会に複数参加していますが、知識やスキルの向上＋他社の取組みを知る点において大きな効果があると実感しています。勉強会の後、懇親会に流れることも多く、同じ仕事をしている、同じ悩みを持つ仲間と飲みながら話すことで楽しいひととき

18）株懇や経営法友会では、テーマごとの研究会を設けています。たとえば経営法友会では、会社法改正ごとに「会社法研究会」を立ち上げ、法務省の立法担当者や学者らと意見交換の場を行い、パブコメを作成し企業側の意見を表明する等の活動を行っています。

を過ごすことができます（Priceless！）。

もしできることであれば、**自分よりも法務担当者として明らかに秀でている人や経験がある人と接する方が、自身の成長につながります**。「こんな人になりたい！」「自分はまだまだ力不足」という気持ちになり、自己研鑽のモチベーションアップになりますし、そのような方たちとの会話そのものが大きな収穫になることが多いと言えます。同じレベルや低いレベルの人と付き合うと、高め合うというよりも「傷の舐め合い」になってしまう可能性があります。

なお、交流を深めすぎると、自社の機密情報をしゃべってしまいリスクや、業界によっては談合やカルテルのリスクが高まるので、この点は注意が必要です。

Round Table Talk ❷

Empowering Good Decisions

少徳彩子（パナソニックホールディングス株式会社
取締役 執行役員 グループ・ゼネラル・カウンセル）
倉橋雄作（倉橋法律事務所・弁護士）
木村孝行

木村：本日は、パナソニックホールディングス株式会社 取締役 執行役員 グループ・ゼネラル・カウンセルの少徳彩子さんと倉橋雄作弁護士をお招きして、コーポレート法務の重要性や経営にインフルエンスを与える法務担当者についての話をお伺いしたいと考えています。

少徳さんとは経営法友会を通じて10年近いお付き合いであり、私が尊敬する法務パーソンの一人です。それだけでなく、パナソニックグループの法務のトップとして、ひいては日本の法務業界のトップランナーとしてご活躍されています。倉橋先生は会社法やコーポレートガバナンスの分野において非常に著名な弁護士であり、数々の著書や論文において鋭い切り口の情報発信をされています。

今回、このような方々とお話する機会を持つことができて、とても光栄に感じています。

▶経営者が期待する法務の役割について

木村：少徳さんは、取締役会メンバーとして、経営トップと接する機会が多いと思います。経営のトップは、法務に対し何を期待しているでしょうか。

少徳：当社のトップについて申し上げますと、平時と有事でその内容が異なってくると感じています。平時の場合、グループ全体のリーガルリスクマネジメント体制を、グローバルな視点でかつ先読みして構築すること、そしてそれに対しPDCAがきちんと回せていることが期待されていることだと思います。これがベースにあり、何らかの取組みについてトップに報告する場合は、まず全体を見せた上で、今回の報告はここの部分とわかるように報告することが大事だと思っています。

木村：経営者は、全体を見渡した上で、今回の件がどうなっているかを知りたがりますよね。有事においてはどのようなことを期待されていますか。

少徳：有事の対応は、まずは火事を消すことなので、ただちに期待されている役割は明確で基本的には評価されやすいと思います。ただ、それよりもトップとして法務に求めることとしては、**なぜ起こってしまったのかの真因を徹底的に分析し、真因に基づいて有効な再発防止策を立てること**になります。それだけでもダメで、その再発防止策を“平時の”リーガルリスクマネジメントシステム全体の中に組み込んでいくことまで要求されます。個別の取組みだけを報告しても評価されません。

真因分析をする際、「なぜ？」を５回繰り返すいわゆる「なぜなぜ分析」を強く要求されます。真因の特定ができないと、対策も間違うことになるからです。ちなみに、当社のグループCEOのパソコンの裏には、私たちに見えるようチコちゃんシールが５枚貼ってあって、常日頃「なぜなぜ分析」を暗に求められています（笑）。

倉橋：シールを貼って、見える化していることがすごいですね。見習いたいです（笑）。

少徳：あと、**トップが気にしていることは、事業場の意思決定に法務の視点が入っているかということ**です。当社グループでは比較的できていると思うのですが、それは事業場に寄り添う形で法務組織が設計されていることによるところが大きいと言えます。各事業場の現場に法務担当者が張り付いて、日々事業場と一緒に仕事をし、信頼を獲得していってくれています。

木村：そのせいもあってか、私はたくさんのパナソニックグループの法務担当の方、もしくは出身の方を知っていますが、皆さん総じて現場感覚を強く持たれていますね。

事業部や経営者とのコミュニケーションで気をつけていることはありますか。

少徳：**苦手な人ほどコミュニケーションを取る**ようにしています。仲の良い人とは放っておいてもコミュニケーションを取ることができますし、こちらの言うことも比較的すんなり聞いてもらえます。苦手な人に頼みごとがある場合、まずは先方の頼まれごとを先にしてあげたり、ニーズを満たすような取組みをしたりして、その後頼みごとをするようにしています。このあたり、特にマジックはなく、通常の人間関係をどのように作っていくかという問題だと思っています。

木村：マジックはないということは、まったくの同感です。このあたりの機微がわかると法務担当者としてもブレークスルーになると思います。

コミュニケーションという意味では、私は取締役会事務局をしている関係で、社外役員を含め、役員と自然にコミュニケーションができ人間関係も構築できることは大きなメリットだと思っています。

少徳：実際に接することによって、役員が法務に何を求めているかも実感できますし、対策も打ちやすいですね。

木村：伝聞と違って直接話しをするわけですので、そのとおりかと思います。

▶コーポレート法務の取組みについて

木村：続いて、コーポレート法務の取組みについてお伺いします。会社によって異なりますが、たとえば会社法改正時の定款変更（取締役会による配当決議を可能にすること等）、マネジメントボードからモニタリングボードへの移行等の取締役会改革、CGコード改正時の改善すべき事項への対応、買収防衛策の導入や廃止、株式分割、自社株取得等の提案、人権DDの対応等さまざまな切り口があります。

コーポレート法務の特徴は、会社の構造を変えるようなダイナミックな提案ができることです。大変ではありますが、法務が主導することによってプレゼンスを上げることができる業務だと考えています。領空侵犯をしてでも取ってくる価値があると思っています。

法務のメイン業務である契約書チェックやコンプライアンス推進業務だけをがんばって対応したとしても、経営者の目になかなか触れることはありません。いくら良いパフォーマンスを出しても評価されにくい環境になるのではないかと考えています。その点、コーポレート法務は、経営者と接点が多く、法務のプレゼンスを上げるきっかけになるというのが私の考えです。

少徳：おっしゃるとおり、まず経営陣との接点がないと始まらないと思いますので、コーポレート法務に力を入れることは、とても有意義だと思います。当社でも、株主総会、取締役会、インサイダー管理等を法務が担当しています。

木村：コーポレート法務を担当する上で大変なことはあるでしょうか。

少徳：以前は法務だけでPDCAを回せる業務が多かったと思います。独禁法対応等のコンプライアンス業務が典型例です。しかし、今は法務だけで対応できないテーマが多くなっています。コーポレート法務の多くもそうなりつつあるかもしれませんが、木村さんがおっしゃった人権DDへの対応はまさにその一例です。自社の社員だけの問題であれば人事部が対応することになりますが、取引先を含むサプライチェーン全体にまたがることになります。そこをまさに領空侵犯といいますか、**法務が積極的に関与しリーダーシップを発揮することは経営者からの信頼につながる**と思います。経営者も、どこに振っていいのかわからないテーマであり、そこで手を挙げると「おー、法務が拾ってくれるのか」ということになります（笑）。実際問題としても、複数の部署にまたがるテーマなので、法務のファシリテーション能力が活かされることになります。普段から、不祥事への対応やM&A等、ややこしい案件の調整には慣れているのですが、意外に法務担当者当人はそのような適性があると気付いてないようです。

木村：確かに、法務がいると、とっ散らからないですよね（笑）。

少徳：そのとおりです。

木村：領空侵犯し過ぎて、部下からクレームが来ることはないですか。

少徳：よくあります（笑）。ただ、最初はキャパシティが限られているのになんでもかんでも拾ってくるなと文句を言われますが、やっていくうちに、やることの意味や目的を理解してくれることが多いと感じています。

▶信頼を獲得できる法務担当者について

木村：倉橋先生、法務担当者が信頼を獲得するために必要な要素について、どのようにお考えでしょうか。

倉橋：組織内で働いたことはありませんが、信頼の獲得という点では弁護士の仕事ぶりと同じではないかと思いますので、その観点でお話しますと、私は**ビッグピクチャーに基づいた上でのターゲット思考や合目的的思考を持つことが不可欠**だと思っています。この案件の獲得目標が何で、そのためにはどのようなコミュニケーションが必要で、どのような事情を確認するために、どのように質問をすべきかということが理解できていることです。それが法務担当者の筋肉となって自然にできていれば「この法務担当者はわかっている」という評価につながるように思います。これができないと経営者から見れば法務をカウンターパートとみなしてはくれませんし、信頼を獲得することもできません。

木村：経営者の視点と法務の視点が違っていて、見ている景色が違うことはよくあることだと思います。

倉橋：はい。その一方で、法務が経営者の視点だけに立てば良いかというとそうではなくて、経営者の視点と法務の視点の交わるところがあるので、その交わったところでバリューを発揮することだと思います。

木村：確かに、法務が経営者の視点だけを見てしまえば、法務としての存在意義がなくなりますね。

少徳さんはどのようにお考えですか。

少徳：**目的を理解し、手段を考え、結果をデリバリーすれば、自ずと経営者からの信頼を得られる**と思います。法務担当者は結果をデリバリーする力は持っており、得意だと思います。大事なことは、目的を理解することであり、目的をきちんと理解しないまま動いてしまうと、良い結果は期待できません。やはり、倉橋先生がおっしゃるように、目的を考える上で経営者と同じ視点を持つことが重要で、いわゆる「法務法務している」視点だけではいけないと思います。ですので、私はメンバーに対して常に「目的は何か」を確認するようにしています。目的さえ合っていれば、きちんと結果をデリバリーしてくれますので。

あと、これも倉橋先生がおっしゃるように、法務担当者の筋肉となって思考がクセになるところまでいかなくてはいけません。最初からそのようなことができる人はいませんので、根気よく育成する必要があります。毎回毎回「目的は何か」を聞いて、考えてもらい、筋肉やクセになるまで続けることです。そこでもなぜなぜ分析が重要になります。

倉橋：そのような筋肉がついていると、いざ有事となった場合でも、その案件で重視すべきステークホルダーが誰であるか、外してはいけない価値や考慮要素は何かを考え、獲得目標もすぐに判断できるようになるはずです。特に有事対応はリーガルな目線が重要になり、獲得目標を明確にして、その実現のための手段を考えていく必要があります。それがないと、「◯◯部長はこう言っているから」となってしまって、軸がなくブレてしまうことになります。

木村：目的を理解し、手段を考え、解決策を出すという流れは論理的思考が必要で、法務が得意とするところではないでしょうか。

少徳：日々法務担当者の仕事を見ていると、法律知識はもちろんのこと、論理的思考を持って案件の解決策を見つけ説得力のあるプレゼンテーションをすることは、法務担当者のケイパビリティだと思っています。あと、

M&Aへの対応等いろんな関係者がいる会議に放り込まれ、その中で、事実に基づき比較衡量した上でどのような対策をすべきかということを導き出す能力や複数の意見を調整するファシリテーション能力も高いのではないかと思います。

法務担当者は、ついつい法律知識で勝負しようとするのですが、残念ながら経営者にはあまり響きません。法律以外の法務担当者ならではのケイパビリティを身につける必要があります。

倉橋：非常に重要ですね。私も法律知識だけでは勝負できないといいますか、法務が関わる案件の多くは法律知識だけで片がつくわけではないと思います。たとえば、独禁法の届け出が必要であるとか、この期間は株式を買ってはダメだとか、この判断は契約に違反するといった知識は、意思決定をする上での当然の前提です。これを指摘できること自体が、ストロングポイントにはなりえません。守らなければならない法律があって、それを所与として、どのように意思決定していくか。法的要請を充足するためのプロセス、アプローチには幅があり、どのようにして実務対応を進めていくかは裁量の範囲が大きい場合も少なくありません。**法律知識で指摘できることは最初の一歩であり、問われるのはゴールを見定め、そこに行き着くためのアプローチを具体化すること**だと思います。そのためには多くの関係者を巻き込んで、理解を深めてもらい、当事者意識を持ってもらい、協働作業を進めていくスキルが必要になります。何が必要かと言えば、先ほど申し上げましたが、やはり目的的、合目的的な思考になりますし、ファシリテーションやリーダーシップも問われます。もちろん、職人のようにして、法律知識を徹底的に広げ、深めて、歩く辞書と呼ばれるような存在になれば、それはそれで突出した存在として尊敬されると思いますが。

先ほど少徳さんから法務担当者のケイパビリティの話がありましたが、法律以外のケイパビリティや評価すべき項目は何になるでしょうか。

少徳：当社グループの評価項目としては、ヒューマンスキルやプロセススキルの項目が入っています。ただ、今までの話をお伺いして、法務担当者としてより重要なスキルや強みとなるスキルは何かを考えて、法務担当者独自の評価項目も作る必要があると思いました。

木村：私は、法務担当者がいくら法律知識を駆使して立派なプレゼンをしても、経営者や事業部に理解し納得してもらえなければ意味はないと考えています。その意味でいうと、たとえばコミュニケーション力を上げるための入門書を読むことも、目的を達成する上では大切なことだと思っています。ただ、これはビジネスパーソンとしてはある意味当たり前のことで、経営者が法務担当者に求めることとはもっと次元の高いものになるかと思います。

少徳：法務は事業場へのサービスプロバイダーという役割はありますが、経営者は法務に対しては、あくまでも企業の法務としての「機能」を発揮してもらうことを期待しています。

木村：話は少し外れますが、以前、会社の研修でアメリカの海兵隊に関する本を読んだことがあります。海兵隊員はまず、「Every Marine a Rifleman」と言われるくらいライフル銃を撃つことを徹底的に訓練させられます。海兵隊には陸海空の軍隊があり、各隊員は、Riflemanという軸を持った上でそれぞれの部隊に散っていきます。ライフル銃を撃つことが、海兵隊員に求められる必要最低限の条件ということになります。法務担当者のケイパビリティの話がありましたが、法務担当者にとってのライフル銃は何でしょうか。それは法律知識でしょうか。

倉橋：とても面白いですね。法務担当者として何が大事かということは、法務のミッションや存在意義から導かれるものではないでしょうか。

少徳：経産省の在り方研究会にパートナー機能やナビゲーション機能というものがありますが、横文字で少々わかりづらいという問題があります。われわれは、パートナー機能を「現場に寄り添い事業の健全な成長・成功にコミットする」というように表現しています。法務も会社や事業場の一員、つまりインハウスでありますので、成長と成功を一緒に喜びたいという想いがあります。ガーディアン機能につきましても、「『公明正大』、会社の良心の実践者・牽引役になる」と理解するようにしています。これを軸に、法務担当者として何が必要かということを考えないと一貫性がなくなると思います。法務担当者にとってのライフル銃について言えば、**法律知識は、極めて大きなバックボーンになると思いますが、もう少し心構え的なものも必要**と思います。

木村：法務担当者のライフルは、法律知識だけではなさそうですね。

　倉橋先生、弁護士としてもクライアントに対する価値の提供という意味において、同じ問題があると思いますがいかがですか。

倉橋：そうですね、同じ問題だと思います。私の話で恐縮ですが、事務所を立ち上げる際、事務所のステートメントについてどうするか、どのようなバリューをクライアントに提供できるのかを改めて考えると、非常に悩みました。今日のテーマにも関係しますが、法的な知見や経験は当然に必要で、それは先ほどのライフルに相当するように思いますが、そこから先に大きな世界が広がっていると思います。弁護士として仕事をしていると、「よき意思決定」とは何かを考えさせられることが多いです。裁判で争うのか、いま和解で解決するのか。この案件の勘所は何で、どう対処していくか。ステークホルダーの理解を得るにはどうするか、などなど。クライアントも判断に迷ったり、あるいは組織的な意思決定を円滑に進めたいときに外の弁護士を必要としているのではないか、依頼者の「よき意思決定」に価値を提供するには何が必要か、法律の知識や経験はマストとして、目的合理的な思考で「よき意思決定」をともに考えることに価値がある。そのように考えて、Empowering Good Decisionsと掲げることにしました。

少徳：Empowerという言葉を使われたことに、強い意思を感じます。とてもいいステートメントですね。

木村：素晴らしいステートメントです。企業法務にも通ずるものがあると思います。これまで法務担当者としてのライフルは法律知識だと思っていましたが、お二人の話を聞いて、他にも必要なものがあると思えてきました。今ここではっきりと明示できませんが、とても大事なことなのでじっくり考えてみたいと思います。

▶すごいと思う法務担当者とは

木村：話は変わりまして、お二人から見て、これまで「すごいと思った法務担当者」はいましたか。

少徳：自慢話になりますが、当社グループの法務メンバーです。**どんな案件でも徹底的に調べて、いろんなアクションプランを提示し、意見調整や折衝もし、ギリギリの判断を求められても逃げない**。見ていてすごいなといつも思います。当社には、自分も経営者であるという心意気で仕事に取り組むという「社員稼業」という考えがあり、法務メンバーは、それを実践してくれていると思います。

あと、他社の方とお会いする中で、ビジョナリーな視点を持った方にはとても刺激を受けます。中長期的な視点で法務組織がどうあるべきか、どうなりたいかをという考えを持っており、それに基づいてプロセスを考え実践しているような方です。私もそうありたいと思っています。その意味で、この本でも書かれていますが、法務企画を充実させることは本当に大事なことだと思っています。

木村：倉橋先生はいかがですか。

倉橋：僭越ながら、着地点を見据えながら仕事をしている方です。**常に着地点を意識して、弁護士に質問もし壁打ちの議論もし、他部門との折衝もするような方はすごい**なと思います。

木村：おっしゃるとおりで、自分の考えを持たず、単に他の人の意見を聞くだけで終わる人もいます。

少德：軌道修正しつつも、落としどころを考えながら対応するとしないとでは、ゴールまでたどり着く時間に大きな差が出ると思います。

木村：本日はありがとうございました。

Questionnaire

弁護士30名・法務マネージャー30名による「法務担当者として持つべき重要な要素」「法務担当者がやってはいけないこと」のアンケート結果

私が信頼する弁護士30名・法務マネージャー30名によるアンケート結果をまとめました。いずれも各界で活躍されている一流の方々です。

珠玉の言葉ばかりであり、私自身、読んでいて身の引き締まる思いがしました。あるべき法務担当者とは何か、このアンケート結果の「シャワーを浴びる」ことによって、手づかみできるのではないかと思います。

〈弁護士へのアンケート結果〉

No	法務担当者が持つべき重要な要素
1	●ファクトの正確性へのこだわり 社内の経営判断、法務部内でのレポート、外部法律事務所への相談などあらゆる局面で基礎になります。地味ですが、一番重要と考えます。 もちろん、正確性は、常にスピードや工数・費用とトレードオフの関係に立ちます。したがって、これはあくまで「現時点での限られたリソースを最大限に用いた結果としての正確性」という限定付きの意味です。 「一番正確な事実を押さえているのは、いつも法務だ」といわれる法務が素敵ですね。 ●「次の一手」・「次の展開」を見立てる力 ある課題を解決するために要する時間を短くすることには限度があります。これを短くすると「拙速」につながるからです。 「スタートを早める」こと以外の特効薬はありません。 着手すべきことに「早く」着手し、「早く」上司に相談し、「早く」経営マターと認識し、外部に相談すべきは「早く」相談することにより、十分な時間を掛けて検討することができます。 「スタートを早める」ための決め手は、「次の一手」「次の展開」を見立てるセンスの良さです。「経営陣からマスコミQAを求められそうだ」、「こういう誓約書が必要になるだろう」という先読みのセンスのある法務パーソンは重宝されます（まさに本書でいう「宝務」）。 ●「身内」の利害調整能力 訴訟の相手、クレーマー、敵対的投資家との関係では、組織が一丸となることは容易です。 彼らは法務の敵であると同時に経営の敵でもあり、事業部の敵でもあるからです。しかし、真の利害調整能力は身内（経営層、事業部、広報、財務、外部法律事務所、会計監査人etc）で必要になります。 同じユニフォームを着て、今後も同じユニフォームを着ていく「味方」同士の利害の相反こそ、扱いが難しいです。 良き法務担当者はこの身内の利害調整が非常にうまく、影の「司令塔」を担います。陰に日向に経営を支える法務でありたいです。
2	●論点を的確に抽出し、整理する能力 ●案件を進めたい事業部とのうまい落としどころを見つけようとする姿勢 ●清濁併せ呑む姿勢
3	●社内の雰囲気や上司の意見に流されずに自分の頭で考えること ●必要書類はすべて読む勤勉さ

法務担当者がやってはいけないこと

●パワポ（非文章）至上主義

パワポをはじめとする図表やビュレットポイントがもてはやされています。「パワポしか見てくれない」という経営陣もいます。しかし、図表や箇条書きは、物事を詰め切らずに作ることができます。主語や述語が省かれたり、重要なことが行間に紛れることもあります。

法務は、逃げ場の少ない「文章化」にこだわるべきです。

マクロ視点でもミクロ視点でも「量」を少なくすることにこだわるのも重要と感じます。

何十ページの長い文書も、100文字を超える長い文も、そもそも経営陣や事業部がすっと読んでくれず、信頼構築以前の問題になってしまいます。「分厚いレポート」は論外なのですが。

●連絡が取れない

良い法務は、経営、事業部、財務、広報、経営企画、外部アドバイザーの中心に立つ「司令塔」です。いつでもレスポンシブであることが大事であり、法務のプレゼンスを高めます。彼女／彼は、大事な会議にはいつも顔を出している、と言われたいです。

●不用心

法務はどれだけめんどくさがられても、シツコイと言われても「慎重さ」は重要と感じます。

経営者マインドを持ち、大胆な馬力を持ち、猛スピードで業務を処理しながらも、最後は「正確で慎重で常に安全サイドで考えられること」（≒経営や事業部に『NO』といえる胆力）が大事だと感じます。

嫌われることを恐れてはなりません。

●リスクだけを指摘して、案件を前に進めようという姿勢を示さないこと

●事業部にただ迎合すること

●調べるべき点、確認すべき点があったのを、忙しさ（や面倒くささ）を理由にやらないで、案件を進めてしまう怠慢

No	法務担当者が持つべき重要な要素
	●必要な場面では意見をちゃんと言う根性
4	●情報収集力、分析力、鳥瞰の目の三要素であると考えます。 その理由は、私どもが法務担当の方から相談を受ける場合、その時点で集められるだけの情報を収集されていないと、その時点での的確な判断ができないと考えること、その時点で集められる情報があったとしても脈絡なく示されると、会社において考えられている情報の重要度が分かりませんので、分析力が必要と考えること、それから、色々な法務問題は利害関係者が絡むことが多いので、所謂「三方良しの判断」をするためには、俯瞰的に見る目が重要と考えます。
5	●現在、問題となっている事項について、法務だけの観点ではなく、事案全体の中からバランス感覚をもって検証することができるか否か 極端なケースを挙げると、取引金額が１万円のスポットの契約書について、事細かに相手方と交渉するように助言することが正しいかどうか、というようなバランス感覚は持っておくべき。 ●他部署に疎まれたとしても、気概をもって法務リスクを伝えられるか 法務リスクは、基本的には「トラブルになった場合の処理」という意味合いが強く、事業部門からは「そのような後ろ向きなことは言うな」「トラブルになっても誠実に協議すれば解決できる」というような対応を示されるかもしれない（特に合弁契約などであれば、このような点は表面化する蓋然性が高い）。 ただし、万が一、紛争になった場合、双方が法的なポジションを基礎として交渉をしていくわけであるから、仮にネガティブなリスクを伝える場合でも、契約締結時点で適切に交渉することが重要であるという気概を持ち、事業部に対して、法務リスクを伝えるという強い気持ちを持つべき。 ●法務以外の分野でも基礎的な知識を身に着けられているか 例えば、決算書類などを読み解くことができれば、事業部と対等な目線で話すことができ、理解も深まるはずであるから、法務以外の知識もできるだけ身に着けることが望ましい。 総じていえば、「他部署から信頼される法務となること」が目指すべき姿と思われます。
6	●単に弁護士費用を値切るのではなく（安かろう、悪かろうの方向に流れるリスクがあるため）、弁護士が時間を使わなくて済むような相談方法をスキルとして身につけること（相談資料において、事実関係を簡潔かつ正確に記載し、質問についても、単に気になるからということで幅広に、あるいは抽象的に書かずに、社内決裁を乗り切るために必要になる具体的な質

法務担当者がやってはいけないこと
●全体感に欠ける断片的なコメントや意見を言うこと
●忖度的判断、独断的判断、誤導的判断と考えます。 　法務担当者はその専門性が重視され客観的かつ公平な意見が求められていると考えますので、誰かの意見を忖度するような判断、自己の考え方に固執した独断的な判断、間違った方向へ導く判断をしてはならないと考えます。
●当事者意識を持たないアドバイス 　法務のリスクだけを強調し、「リスクは指摘しましたので後はそちらでビジネスジャッジをしてください」と突き放す対応。そうではなく、当事者意識をもって、どのように問題を解決に導くべきかを一緒になって検討することが望ましい。 ●事実関係を把握せずに事業部の説明を鵜呑みにすること。 　法的な分析とは事実関係によって180度変わってしまうということを認識し、主体的に事実関係が正確にはどうであったのかを検証することは重要。契約書チェックのような業務ではなく、例えば、潜在的な紛争処理に携わる場合には特に事実関係の把握が必要となる。 ●単なるメッセンジャー又は傍観者になること 　弁護士などの外部アドバイザーに相談する際に、単なるメッセンジャーとならず、事業部と弁護士が認識を統一することができるように、調整役として動くべき。 　また、弁護士が事業部と直接のやり取りをする場合においても、単なる傍観者になってやり取りを眺めるだけとならず、法務として何かしらの助言ができないかについて検討するべき。 総じていえば、「事案に対してコミットしないこと」がやってはいけないことと思われます。
●自分の手元で深く考えずに、弁護士一任とすること ●契約書や法的な文章については触ってはいけないと考えて、ドラフトが回ってきても自分では手出しをしないこと（何でもやってみた方が良い） ●他部署や弁護士への相談がギリギリのタイミングになること（その結果、間に

No	法務担当者が持つべき重要な要素
	問に限定すること） ●上記にも関連しますが、できれば弁護士に相談する際に、個人的意見でも良いので自分は（自社は）どう考えているかを述べること（その意見形成の過程で弁護士と思考回路がシンクロして、以後の相談がスムーズになる上に、弁護士の時間を無駄に使うこともなくなる） ●事業部と徒に対立することなく、かつ、事業部の意向に同調しすぎることなく、リスクを的確に指摘しつつも解決策を同時に提案できるようになること
7	●当然ながら、契約ドラフトの基本事項を確実に理解し、適用させることは必要 ●契約ドラフトだけでなく、紛争や不祥事も含めて、事業部が想定する事実を理解するだけでなく、事業部が想定していないが、発生する（又はしていた）可能性のある事実を想像し、事業部に問いかけを行い、事業部により深い事実認識を促すスキル（これが、事業に精通していない外部弁護士に難しい部分であり、これを補充するのが法務担当者の重要な価値である） ●外部弁護士にサポートを依頼する場合、外部弁護士に対して、法的観点に基づき、事業部が想定する事実をわかりやすく説明するスキル（これも事業部には難しい） ●「法務部担当者は、聞き上手でなければならない」。事業部から本音を教えてもらうために、聞き上手でなければ、「事業部が想定していないが、発生する（又はしていた）可能性のある事実を想像し、事業部に問いかけを行い、事業部により深い事実認識を促す」ことはできないからである。
8	●（法的知識・素養は大前提として）常識力、ビジネス判断力、経営視点 ●NOということ（必ず代案を提示する）
9	●法的知識に裏付けられた「ファシリテーション力」 　法的知識はゴールではなく、何らかのビジネス上のゴールや対処すべきイシューがあるなかで、その案件で法的観点でどのような影響・帰結が予想されるのか、考慮すべき制約条件は何かをリーガルの観点で考え抜き、目的合理的・合目的的な発想で、「自分たちが何をすべきか」という知恵と道案内を事業部に指し示す能力が重要ではないかと思います。 　そうした観点で、法的知識を情報として提供したり、外圧的に要求・指揮命令するということよりも、むしろリーガルの観点でのメンターのような感じで、「気づけば道案内してもらっている」といったような価値を提供するのが一段上の法務担当者であるような気がします。そのために求められるのは圧倒的な知識の提供よりも、「質問力」にあるのではないかと

法務担当者がやってはいけないこと
合わなくなることも多いから、早め早めに外部と連携すべき）
●事業部の説明を鵜呑みにすること、及び、外部弁護士の説明を鵜呑みにすることも厳禁。つまり、自分の頭で、契約事実や紛争事実を再構成することが重要 ●外部弁護士をサポートを依頼する場合、自社の予算管理の観点から、前提事実及び依頼事項をできる限り具体的明確にして見積をとるべきところ、事業部と十分に相談せずに見積をとり、後に予算を大幅に超える弁護士費用が発生するようなこと
—
●「法律屋」になること 特定の法的知識、選択肢の乏しい押しつけの法的要請を一方的に提示するのではなく、クライアント（＝事業部）と一緒に課題発見に努め、知恵を出すことが求められているはずで、そうした柔らかい頭の対局にある法律屋となってしまうことは避けるべきではないかと思います。 もちろん、生き字引のように、圧倒的な法的知識を備えていること、それ自体に価値があるとは思いますが、そうした法的知識やリーガルマインドは前提にあるべきスキルで、それを使いこなしていくという姿勢が必要であり、その逆のような姿勢は避けるべきことなのではないかと。 あと、研鑽を怠らないこと。なんだかんだいっても、法的知識の豊富さがないと、課題発見もできず、クリエイティブな仕事もできないので、勉強する姿

No	法務担当者が持つべき重要な要素
	思います。クライアント（＝事業部）に対し、クリティカルな質問を投げかけられるかどうか、流行りの言葉でいえば、課題解決力よりも課題発見力にこそ、付加価値提供、バリューを出す余地があるように思います。イノベーションを起こすには「問いかけ」が重要だそうで（経営学の研究によると）、リーガルの観点からも、よい質問ができること、が重要であるように思います。
10	●自分の頭で考える能力 言われたことだけをやるのでは不十分。適法性に疑義がある場合には解決策まで考える。会社の常識が世間の常識とずれていることもある。弁護士任せにせず、自分でも確認する。 ●コミュニケーション能力 経営陣・事業部門等から必要な情報を聞き出す。経営陣・事業部門等に対して分かりやすく納得できる説明をする。弁護士にも適切な情報を与えて判断してもらう。 ●胆力 いざというときは反対意見を述べることも辞さない。危機においても冷静に判断する。
11	●コミュニケーションスキル（社内及び社外両方）、特に相手の話をよく聞く姿勢（会社のことを熟知する必要がある） ●情報管理スキル（メール、契約書、人材等、必要な情報源にすぐにアクセスできること） ●社内外における調整力
12	●ビジネスサイドと弁護士の間の橋渡し的な役回りでの活躍でしょうか。事業部・企画部は必ずしも弁護士を使い慣れておらず、その逆もまた然りなように感じています。残念なことに、ビジネスサイドの話だけを聞いて、そのニーズをうまく汲み取り、法的観点から整理・検討できる弁護士はそこまで多くありません（もちろん、私自身はそうありたいと考え、留意もしていますが）。 そこで、事業部・企画部と弁護士とをうまく繋ぐ、共通のゴールに向かって弁護士が検討しやすい形にし、かつビジネスサイドも満足させられるというのが法務の方の役回りとして重要かと思っています。ビジネスニーズを法的な検討材料に転換する、翻訳するスキルといってもいいかもしれませんね。 ●業務姿勢というところでは、ベタかもしれませんが、やはりビジネスサイドとの信頼関係の維持・構築が重要になるかと思います。基本的にビジネ

法務担当者がやってはいけないこと
勢は必須であり、逆にいえば、経験だけで仕事をするようになってしまうのも危ないと思います。
●事実を歪曲する 都合のいい事実のみを収集する。都合の悪い事実には目を瞑る。 ●恣意的な法的評価を行う 法的評価には一定の幅があるので、合理的な範囲で目的適合的な法律解釈を採用することは許されるが、その範囲を超えて恣意的な法律解釈・法的評価を行うことはすべきではない。 ●法的リスクを隠蔽する 経営陣・事業部門等には法的リスクを正確に伝えた上で判断してもらう必要がある。
●知識が不十分な状態で、対応しようとすること ●会社の状況、問題の位置づけを十分に理解せず、外部専門家に伝えること
●これも弁護士からの目線で恐縮ですが、弁護士から見解を得た際に、その一部を切り取って社内的に共有する、ということがままあるように感じています。もちろん、経営陣への説明等ではある程度簡略化も必要になるかと思いますが、それでも、どういった前提で、どういった条件を満たせばいい（又はダメ）という結論になるのかが重要かと思われ、そういう微妙な問題だからこそ弁護士にも聞いている、ということかと想像しています。 ●また、弁護士への情報共有に際して、案件全体の説明を省略し、自分が重要と考える点のみを伝えて検討させるということがあるように思います。これは絶対ダメとも言い切れないのですが、案件によっては省略された中に重要な事実が隠れていることもあり、慣れないうちはやはり危険なように思っています。 情報共有の重要性という点に関しては、ただ関係者全員をメールのc.c.に入れて報告した気になってしまう、ということもよく起こりがちではないかと思います。メールは便利ですがミスコミュニケーションの原因にもなりやすく、

No	法務担当者が持つべき重要な要素
	スニーズを尊重し、事業上のパートナー、車の両輪として職務に当たりつつ、時には止めるべき案件を止め、又は軌道修正を図るといった対応も必要になりますので、そういった中でビジネスサイドの信頼を得て、リピーターを増やしていくということがよいのではないかと思います。
13	●会社がやろうとしていることの妥当性・意義や法令の趣旨も踏まえて、会社がやりたいことをサポートするロジックを構築する創造力・柔軟性 ●会社の経営陣・他部門や外部の専門家との信頼関係を築けるコミュニケーション能力・人間力
14	●法務に限らず、また、社内・社外をとわず自社を取り巻く環境の変化に広く興味関心を持つこと（今すぐには役にたたない情報でも、ふとした機会に役に立つ情報・知識も多い） ●「法務」としての考え・意見を常に持つこと（外部専門家を活用する際にも「窓口」では終わらないこと）
15	●法的知見を持つ独立した立場で、事業部からの相談を検証し、必要に応じて戦う姿勢 ●会社の事業・実態を熟知した立場で、必要な情報の伝達など、外部弁護士への適切な橋渡しをすること
16	●どうしたいか、方向性を言っていただく（「レビューよろしくお願いします」みたいな丸投げではなく） ●連絡（リマインド）を頻繁にいただく 弁護士は常時10-20件が走っている→連絡により優先順位上がる

法務担当者がやってはいけないこと
何でもかんでも情報共有すればよいということでもないのかなと感じることも多いです。 　ちょっと脱線すると、米国の訴訟・紛争絡みの案件では、弁護士・依頼者間のやり取りを社内で共有するとprivilegeが放棄されたと見做され、裁判になった場合にディスカバリーの対象になってしまうということもありますし、それを知らずに情報を破棄・削除したためにディスカバリーに対応できず不利に認定されてしまうといったこともありますので、やはり広く社内に共有することは避けた方が無難です。
●機械的に法令の条文を当てはめて、物事の可否を判断すること
●断片的な情報の伝達を行ってしまうこと 　特に外部専門家などを活用する際に、「社内のニーズや関連情報（特にネガティブ情報）を正しく伝えない」「外部専門家からのアドバイスの一部（特にネガティブ要素）を報告しない」など
●外部弁護士への短納期すぎる依頼。やむをえない局面では躊躇する必要はないが、外部弁護士も依頼には最大限応えようとして期限までに対応する結果、ミスを誘発するリスクがあるのも事実。社内調整できるのであれば合理的な作業ができる納期を確保したほうが良い。 ●過去数回、想定外の文脈で「○○弁護士の了解済み」など社内資料に掲載されているのを見たことがある。外部弁護士の了解を得て円滑に進めたいというニーズがある場合があるが、事実関係をよく説明せず、誤導的に弁護士意見を得て、外部弁護士に相談済みとして処理することには、当然のことながらリスクがある。外部弁護士側も、法務部等にそのような誘引があることを認識しつつ、リスクの高いテーマ等については慎重に対応するべきと考えているが、完全にはコントロールできないため、リスクファクターは包み隠さず弁護士に伝えて相談することが、リスク管理上重要である。
●背景を伝えない丸投げ ●連絡が分かりにくい／読みにくい／長文である／一覧性がない

No	法務担当者が持つべき重要な要素
	●クリア（わかりやすい）な連絡 　BOLDにする（フォントを太字にする）、希望納期は赤字にする、ナンバリングする、シンプルに書く、一覧性がある等。
17	●事業をサポートする熱い思いと社会を俯瞰するクールさのバランス 　法務担当者は、法的なリスクやベネフィットというフィルターを通して、事業部門のビジネスニーズを具現化する役割を担っていると理解しています。ガーディアンとしての役割ばかりが前面に出ては企業内組織として信頼を得にくくなるでしょうし、ビジネスばかりが前面に出ると法務の存在意義が失われてしまいます。この両者の重点の置き方は、各企業、さらには法務担当者によって特色が出ると思いますが、常に両者に目を配ることが法務担当者に求められていることは間違いないと思います。
18	●ビジネスを阻害する要因（要員）になるべきではないが、時には、事業部と対峙する気概も必要。（弁護士も同じですが）リスクを指摘しておしまいではダメで、ビジネスを変えさせる・止めさせるまでのリスクがある場合には体を張り、最後まで責任をもつというような責任感があってこそ、信頼される。 ●弁護士等外部専門家を起用する場合でも、右から左、左から右にならずに、自分で考え、勉強し、質問を事業部に対しても弁護士に対しても行える質問力を持つこと。 ●現場経験。事業部からの信頼の素となることは言うまでもない。 ●人間性。どんなビジネスパーソンも（弁護士も）同じですが、基本は人間性。
19	●弁護士とのクイックなコミュニケーション 　WEB会議等を用いて信頼できる弁護士とクイックにコミュニケーションを取る。 ●普段から情報のアップデートを心がけること 　企業法務分野の法令、ガイドラインは常に時代を反映して更新されている。深入りする必要がないものが多いが、広く情報のアップデートを心がけることが重要。

法務担当者がやってはいけないこと
●外部弁護士への相談時の過度な情報スクリーニング 多くの法務部では、事業部門から聴き取った事実を法的にきれいに整理し、質問書を準備されます。事前にしっかりと交通整理をした上でご相談いただけることはとても助かるのですが、中には、法務部において決めた「スジ」に沿った事実のみをご提示いただき、その前提で法務部の意見が示され、「これで良いですね」と確認的にご相談をされることもあります。 しかし、外部の専門弁護士の眼から見て、その「スジ」が実はズレていることも往々にしてあります。外部弁護士に相談をする重要な意義は、隠れた問題点を含め、事案の真相に即した解決策を共にディスカッションして見いだすことだと思われます。そのためには、法務部において「調理」しすぎず、ある程度「素材感」のある状態で幅広に情報をご提供いただくのが良いのではないかと考えています。 なお、私は、メールだけでのご相談にそのままお答えするのは稀であり、原則として、事業部門を交えたウェブ会議等でディスカッションする機会を設けていただくようお願いしています。
●事業部の伴走者であるべきであるが、事業部の奴隷にも、阻害者にもなってはならない。 ●案件を寝かせること。寝かせて良いことは何もない。 ●100点の答案を１週間とか長期間かけて返そうとするのはダメで、80点の答案を１日で返し、その後100点に近づける方がよい。
●弁護士相談において断片的な情報しか提供しないこと 弁護士は社内メンバーと異なり前提情報の共有を受けないと的確な判断ができない。初期的な相談の際に前提情報の確認に漏れがあると、誤った助言となるおそれがある。

No	法務担当者が持つべき重要な要素
	●広い視点からのコンプライアンス意識 上場企業法務では法律に違反しないギリギリの線での判断は危険。法務部が営業部に対して示す見解は営業部内において在る種の免罪符のように活用される可能性があることから、広い視点からのコンプライアンス意識に基づく検討が重要。
20	●事業に寄り添うバランス感覚と適切なリスクレベルの提示 （企業のポリシーにもよるが）グレー／リスクのある事項に保守的にNGを出すことは簡単だが、微細なリスクを理由に事業を止めることは企業活動としてはマイナス。 他方、ハイリスク事項にOKを出すこともあってはならない。 グレー／リスクの程度感を適切に把握し、その都度の状況ごとに、事業遂行メリットと比較衡量して適切な経営判断が下せることが企業体として重要。 そのために法務担当者が持つべき重要な要素は、事業に寄り添うバランス感覚と、適切なリスクレベルの把握／判断。 ●条文の確認 法務の基本として、問題となっている法律の根拠条文を確認しないことはあり得ないこと。 法務担当者も同様。
21	●論点（異常点）に気付く能力・センス ●自社の事業及び自社が所属する産業セクターのビジネスに対する深い理解 ●社会で起きていることに対する幅広い関心 上記３つは密接に絡むのですが、論点に気付いてしまえば、後は外部弁護士の力を借りてでも問題解決に至ることができると思います。怖いのは論点に気付かないことだと思います。その意味で、自社の事業やセクターのビジネスに対する深い理解がないと論点に気付くことは難しいように思います。これは社外の弁護士ではできないことであり、会社の法務パーソンこそ可能なことだと思います。また、社会で起きていることにアンテナを立てていないと、会社を取り巻くリスクに気付くことができません。幅広い情報収集を常に心がけるというのが、リスクマネジメントの要でもある法務パーソンに求められることだと思います。
22	●会社事業に関する深い理解 先ずもって会社事業を深く把握・理解することにより、事業部の方々から法務担当者として相談を受けた際に、クイックに説明内容等を正確に把握できるだけでなく、例えば、会社事業に関する深い理解があるが故に事

法務担当者がやってはいけないこと

●自分の頭で考えない／理解の放棄

上司が言っているから、外部専門家（弁護士等）が言っているから、という理由だけでそのまま思考放棄して採用することも基本的にはNG。

専門家も絶対ではない。適切に自分の頭で理解して、腑に落ちない／理解できない事項は放置せず、質問／確認することがとても重要。

●条文の未確認

●法律オタクで終わること

ビジネスや社会に対する深い理解や興味関心がないと、論点やリスクの見落としに繋がると思います。

●「安全」なアドバイスに終始すること

保守的に考えるとどうなるか、という視点は必要ですが、「どうやったらビジネスを前に進めることができるだろうか」という視点も必要だと思います。

●嫌われることを恐れること

時にはゲートキーパーとして嫌われ役になる覚悟も必要だと思います。

●法務リスクを指摘するだけの態度を取ること

法務担当者として事業部からの相談内容に対する回答を行う際には、法務リスクだけを指摘して事業部の方々がやりたいことに単にブレーキを掛けるだけの対応に終始することは厳に避けるべきであり、常に、あり得るリスクを踏ま

No	法務担当者が持つべき重要な要素
	業部の方々が相談時には気づいていなかった新たな法務的問題点や要確認事項の発見に繋がる可能性もあるなど、事業部の方々からの信頼の獲得という観点からも有益と思料。 ●高度なコミュニケーション能力 事業部の方々から法務担当者として相談を受けた際には、相談内容を素早く適切に把握する能力のみならず、事業部の方々の目的や達成したい事項、現在の懸念点、今後のスケジュール感など、様々な観点からの重要な情報を要領よく収集する能力が求められることに加え、時には、表面的な相談内容にとらわれることなく、相談事項に秘められた本当に解決すべき事項についても洞察・考察する力が必要になり得るなど、高度のコミュニケーション能力が必要となると思料（このようなコミュニケーション能力を有することにより、事業部の方々からの更なる信頼を得ることにも繋がるものと思料）。 ●ソリューション提供能力 法務担当者として事業部からの相談内容に対する回答を行う際には、単に法務リスクを指摘するにとどまらず、事業部の方々の目的等を把握したうえで、当該リスクを回避・低減しつつ目的を達成する方法についても検討するなど、事業部の方々に対して法的観点からのソリューションを提供することができる能力が重要と思料。
23	●法務の提案について「共感」を得るのではなく、現場の「抵抗」をなくすための思索と実行力 どうすれば現状維持バイアスを払拭できるか、どうすれば変えることへの労力や徒労感をなくせるか、どうすれば心理的反発や不安感をなくせるかということを考える能力が必要。理屈や情緒によって共感を得られる、というほど現場は甘くない。 ●常に経営の視点を持つこと 新たなリスクマネジメントの導入は、別の部門にマイナスの効果をもたらす事が多い。 何かを始めるのであれば、何かをやめなければならない、という発想を法務も持つべき。
24	●コミュニケーション能力（社内、社外） 社内の事業部門から相談をしてもらい早期に法的リスクを把握し対応する、法的リスクがありビジネスを一定程度制約しなければならない場合に事業部にご納得いただく、漏れなく適時に社内で情報と資料を収集するためには「社内におけるコミュニケーション能力」が必要。 また、弁護士に対して、会社の要望やスタンス、希望スケジュール等を伝える、社内決裁に要する時間など社内事情を理解してもらう、会社の予算を理解してもらって費用への配慮を引き出すなど、弁護士を「うまく

法務担当者がやってはいけないこと

えたソリューションを提供することができるように検討する姿勢が重要と思料。

●木を見て森を見ないなどバランス感覚に欠ける態度を取ること

法務関連のイシューにおいては、細部への関心や注意は時として非常に重要な要素となり得るものの、それらにとらわれ過ぎて、案件の全体感や方向性などを無視したバランス感覚に欠ける法務アドバイスを行わないように厳に留意すべき。

●タイミングに失した対応を取ること

法務アドバイスは適時のタイミングで提供されることに重要な意味がある場合が多く、時機を失したアドバイスは価値が半減あるいは消滅すらする可能性があることを肝に銘じて、適時適切にアドバイスを行うように厳に留意すべき。

●「法務の砦」を作らないこと

知らないこと、わからないことがあれば、現場と問題を解決する姿勢、築いてきた社内外のネットワークをできるだけ活用して「助けて」と平気で言える姿勢が必要ではないか。法務部だけで自己完結しない。

●（弁護士にも通じるが）法務が解決できることに過大な期待を持つこと

企業社会において、法務で問題解決を図ることは、ひとつの選択肢にすぎないしその選択肢が最善かどうかはわからない。法務として対処しうることを冷静に伝えなければ、現場との信頼関係は生まれない。

●ビジネスへの理解の欠如、バランス感覚の欠如

法務の観点のみからのアドバイス（部外者かのように法的なリスクのみを殊更に強調し、ビジネスを踏まえないアドバイスをする等）をしていては、適切な答えを導けないし、事業部の信頼も得られない。

逆に、過度に事業部に迎合するようなアドバイスをしていては、適切に法的リスクをヘッジできない。ビジネスに寄り添う姿勢・観点と、ビジネスや経営とは切り離された客観的な観点のバランスが悪いことは問題である。

No	法務担当者が持つべき重要な要素
	使う」ための「社外におけるコミュニケーション能力」も必要。 ●自社のビジネスへの理解と（それを踏まえた）バランス感覚 自社のビジネスへの理解なしには、的確なリスクの発見、分析、対応はできないし、事業部への説得的な説明もできない。 また、法務部門には、ビジネスに寄り添う姿勢・観点と、ビジネスや経営とは切り離された客観的な観点、という両方の観点からの最適解が求められるため、両観点をいかにバランスよく持つかのバランス感覚が必要である。 ●知的好奇心 法務部門は、他部門と異なり、恒常的に勉強し自らの知見をアップデートし続けることがより求められる部門。前向きに取り組めないとしんどいので、知的好奇心が必要。 また、社内のビジネスを理解するにあたっても、やはり“知りたい”という力がないと、上手に情報や資料を収集できない。
25	●法務部門としての専門的・客観的・冷静な視点を持ちつつ、事業部門に徹底的に寄り添いソリューションを提示する姿勢 ●自社ビジネスや自社内部体制への興味・理解・外部との橋渡し ●社内外の様々な関係者との間における円滑な調整を実現するコミュニケーション能力・人柄・やる気
26	●現場から必要な情報を広く集める。法的リスクはシビアに検討する。弁護士への相談時はフラットな質問とする。伝える情報に偏りがないかを意識する。 社外役員になり、「弁護士に相談済み」との社内資料を目にするようになり、「この点について弁護士がこういう意見を言うだろうか？」との疑問を持ち、「どの弁護士に、どのように相談されたか？」を聞くことがあります。相談時に送付したメール等を見せてもらうと、担当者が望む方向での回答を得るべく、質問の仕方、相談時に弁護士に渡した情報に偏りがある場合が少なからずあります。「これだけの情報しか与えられず、相談に来られた担当者がこっちの方法の回答を求めていることが明らかだと、弁護士もそれに迎合した回答をしてしまう」リスクがあること、そういった「内容に疑義がある意見」でも、「弁護士意見」として社内でまかり通りうること。いずれも、とても怖いことであると感じ、苦言を呈することがあります。 勿論、法的リスクを厳しく検討することで、将来に繋がる有益な投資、新たなビジネスすべてにブレーキがかかるようなこととなってはいけません。 とはいえ、「経営判断の原則」のもと、経営判断により損失が生じた場合も、①当該判断の前提となった事実認識に不注意な誤りがなく、②判断内容に著しく不合理なものがなければ、善管注意義務違反にならないとし

法務担当者がやってはいけないこと
●“自分なりに考えること”を放棄すること 弁護士に投げてそれで自分の仕事は終わり、法務部長がこう決めたから何も考えずにそれに従う、というのは問題。常に、自分の頭で“それで正しいのか、よいのか”を考え、その意見を弁護士にも上司にもぶつけることが、より良い答えを導き、また自らの成長を促す。 事業部に対してダメといわざるを得ない場面でも、否定のみで終わるのではなく、何か代替案や次善の策がないかをセットで提案できるよう、自分なりに考える。 ●想像力の欠如 次の展開としてどうなるか、どのようなことが社内的・社外的に必要となるか、そのためには今自分は何をしておくべきか、といったことを常に想像して動けないと、対弁護士的にも対社内的にも仕事は円滑にまわっていかない。
●自社ビジネスの理解や事実関係の整理を怠ったまま、結論を出すor外部弁護士に依頼すること。 ●当初から決め打ちで論点を絞りすぎた状態で、結論を出すor外部弁護士に依頼すること。 ●リスクのみを提示し、ソリューションを提示しないこと。
●現場からの情報に偏りがあることに気づかない、現場に迎合して法的リスクをシビアに検討しない、弁護士に相談する際に回答を誘導すること。 ●「弁護士意見」に盲信すること 弁護士回答の内容を見て疑問を持ち、「どの弁護士に、どのように相談されたか？」と聞いた結果、大手事務所でも経験年数の浅い弁護士が回答し、その内容に疑問があることも少なからずあります。弁護士意見も内容を精査し、疑問があれば、聞き直すこと、重要事項は事務所内での検討はアソシエイトが行うとしてもパートナーから回答をもらい、パートナーも質問と回答に目を通している状況とすることも考えられるかと存じます。

No	法務担当者が持つべき重要な要素
	て、「当該判断の前提となった事実認識に不注意な誤りがない」といえるためには、経営者はリスクがありうること、その内容・軽重・発生可能性等を知る必要があります。 法務担当者が現場から得た情報に偏りがないか、法的リスクはシビアに検討できているか（「判断時にそんなリスクは考えなかった」より、「発生可能性が低いリスクまで考えたうえでゴーの判断をした」方が望ましい）、法務担当者としての判断をされた上で、弁護士に相談される際には、自分とは違う観点からの、自分には気づかないリスクの指摘も得られるように、出来るだけフラットな質問の仕方をすること、伝える情報に偏りがないかを意識されることをお勧めします。
27	●ビジネスセンスとリーガルセンス ・与えられた課題に留まらず、自らで問題設定とその解決までできれば、ビジネス部門から信頼されて与えられる役割は広がるのではないでしょうか。 ・判断問題と法的問題に区別し、判断問題については、事実認識の正しさと判断過程内容の合理性というプロセスを意識されてはいかがでしょうか。これが法律家にとってのビジネスセンスと思います。 ・法的問題については、設定するために優れたリーガルセンスが必要です。このセンスは、一重に勉強の賜物です。法改正、最新判例、重要事案をきっちりキャッチアップされ、法的に問題になり得る事象への感度を高めておかれるとよいのではないでしょうか。 ●案件に応じて適切な弁護士を選任する力 ・弁護士の能力、経験、専門性、個性、人柄は千差万別です。企業との相性もあります。どの依頼者、どの案件においても適任であるという方は決していません。案件に応じて、適切な弁護士を選任する力が極めて重要です。 ・様々なタイプの弁護士とお付き合いされ、その中から信頼できる弁護士をリストアップしておかれてはいかがでしょうか。一人の弁護士には、伸び盛り、円熟のように、世代、タイミングの問題があります。 ●自社に対する愛情、情熱 ・外部との弁護士とリーガル部門の最大の違いはこの点にあると思います。企業理念や自社ビジネスへの理解は必須ですが、自社に対する愛情、情熱なくして理解は進みません。私が尊敬するリーガル部門の方に共通するものです。
28	●社内法務専門家として最低限の法的素養と事案を整理する能力 社内各部門から寄せられる相談について、社内法務専門家として最低限の法的素養に加え、事案やご依頼事項を整理する能力を持っていただくことは重要と考えます。

法務担当者がやってはいけないこと
●外部弁護士に責任を負わせようとすること ・外部の弁護士から言質を取ろうとされる方がおられます。企業のことを考えると、残念ながら、無意味であると言わざるを得ません。前提事実に誤りがある、あるいは場合分けが多いような意見書を弁護士から取得されることも同様です。
●事業部門に対して相談しにくい存在であってはならない 　法務部は社内で法的問題が生じた際、なんでも相談できる関係性を他部署と醸成しておくことが重要と考えます。そのため、そのような関係性を損なう対応（リスクのみ指摘することや背景を十分理解しないまま形式的な解釈論のみ

No	法務担当者が持つべき重要な要素
	外部にご相談いただく際も、事案・依頼事項・その時点で把握する法的問題点・結論の方向性といった点を持ってご相談いただけると大変スムースだと感じます。また、ありきたりかもしれませんが、法的検討にあたり事業部等から必要な情報や資料を社内で的確に収集し、タイムリーに提供・共有する能力も重要と思います。 ●企業内部門である以上、経営（事業）に寄り添う法務であること 会社が営利を目的とする以上は、法規制や法的リスクのみの提示ではなく、それを踏まえたソリューションの提案や経営（事業）に与えるリスクの程度の具体化（損害の相談等であれば可能な限り数値化）を試みること、法務担当者として、杓子定規なお題目の回答にとどまらず、事業や案件を前向きに進めるための法的アドバイスを行う意識を持つことは重要と考えます。加えて、相談を受けた後、進捗報告がないような場合には、法務担当者自ら「あれってどうなりました？」と情報を取りに行くなど、法務も事業と伴走してサポートしているという積極的なコミュニケーションもあると良いのではないかと思います。 ●自らのアドバイスが事業や売上にどのように・どの程度寄与しているのかに関心を寄せること 法務部は管理部門であるものの、企業の一部門である以上、自らのアドバイスが事業や売上数値にどう貢献・影響しているのかを普段から関心をもって考えてみることも重要と考えます。たとえば、契約審査１件であってもその取引が成立することで売上につながることもあるでしょうし、不祥事案を社内で未然に防止できれば、発生した場合の損失やレピュテーションリスクを回避することになる訳ですので、それらを具体化（数値化）し法務担当者として経営にいかに寄与しているのかという点に普段から関心を寄せておくと、上記寄り添う姿勢に自然と結びついていくという点でも良いと思います。
29	●前向きなアクションを、賛成するときは後押しを、反対するときは代案を。（代案がなく撤退以外に選択肢がないときは、他に守るべき利益の明示を） ●リスクウェイトを常に考える。 ●相手によって意見を変えない。
30	●事案に関連する事実、会社の状況等を正確に把握・分析する能力 弁護士が知ることのできない事実関係や会社の状況は、法務担当者が情報収集する必要があるため。 ●（日頃の対応・コミュニケーション等に基づく）他部門からの信頼 案件をスムーズに進めるためには信頼が必要。 ●常に情報・知識をアップデートする等の向上心 法令のアップデートはとても早く、これについていく必要があるため。

法務担当者がやってはいけないこと

を伝えることなど）はやってはいけないことと考えます。これもありきたりですが、社内他部門は「クライアント」という意識を持ちホスピタリティをもって対応することがやはり重要と考えます。

●「これって問題となる事情では…」など、相談の過程でそれとなく気になったことをそのままにしない
　本来の相談でない事情ではあるものの、相談の過程で「あれ？それって大丈夫なの…」と少しでも感じた点は、うやむやにせず、納得するまで担当者に確認する姿勢は重要と思います。企業法務部の担当者は皆さんリーガルセンスをお持ちだと思いますので、いろいろなお話を伺うと、上記のような感覚は間違っていないことが多いと思われます。（あまりないのかもしれませんが…）社内での妙な忖度心や今回の相談の主旨から外れるのでということで、こういったことを見て見ぬふりをしない、ということも当たり前ではありますが大事かと思います。

―

●形式的な対応
　形式的にダメというだけではなく、解決策等を提供しなければ、他部門の信頼を得られないし、企業経営の足かせになるだけ。

●他部門に対する遠慮
　他部門に遠慮して正しいことを言えないようでは存在価値がない。

●弁護士に相談する際の情報の断片的な提供
　弁護士が正確な判断をすることができなくなり、会社として大きなリスクになり得る（弁護士に相談したというだけでは意味がない）。

〈法務マネージャーへのアンケート結果〉

No	法務担当者が持つべき重要な要素
1	●高い専門性（知識や実務経験） ●知的好奇心 ●コミュニケーション力（グローバルを含む）
2	●スキル 駆け出しは、様々な領域を可能な限り経験したほうが良いと思う一方で、自分の得意とするスキル領域を確立していく（強みを持つ）ことも重要だと思います。当該領域において、（いきなり世間において誰にも負けないとしてしまうと、ハードルが上がりすぎるので、）まずは社内の第一人者と言われるレベルを目標に自信のある領域を持つことが、法務担当者としての軸を持ち、社内から頼られる存在になることにつながると思います。 ●業務姿勢 もっとも重要なのは現場に寄り添う姿勢であり、それを日常的に意識して行動することだと思います。寄り添いの仕方はさまざまであり、たとえば、現場を見る努力やコミュニケーション力を高める努力等、寄り添いを実践するための努力の在り方も様々だと思います。そのような中、持っておくべき視点としては、時には勇気を出して現場にNOと言わなければならない場面もある中で、それを受け入れてもらえる関係性を、現場との間に構築するには、日ごろからどのように現場と接する必要があるのかを自分ごと化して考えるということだと思います。それぞれのアプローチがきっとあるはずだと思います。
3	●factsを正しく把握、整理する力（「たぶん、～だろう」では仕事をしない） ●「原典」にあたる姿勢（契約書、関連書類、現地現場、法律など） ●書く力（これがないと法務マンとは呼べない）
4	●経緯や背景などの事実を整理する力（把握） ●展開を想像力する力（読み） ●相談してもらいやすい雰囲気（心理的安全性）
5	●得意分野の専門知識で社内No. 1 ジェネラリストかスペシャリストか、法務担当者のあり方も一様ではありませんが、いずれにしてもコアは専門能力です。自分の得意分野をみつけて徹底的に伸ばし、一目置かれるようになりましょう。 ●愚直に客観的アプローチ 思い込みなく、勘に頼ることなく、法令・判例、契約書、各種エビデン

法務担当者がやってはいけないこと
●判断することから逃げる（＝責任を回避する） ●コンフォートゾーンに留まる ●専門性を磨くことを止める
●法律の字面だけを見て良し悪ししか言わないのは、最悪だと思います。相談内容が、明らかに法令に違反するのであれば、それはダメなものとして、はっきりと言わないといけないですが、ではどうすればいいのかの解決策を示す、またはそれを現場と一緒になって考えることは最低限必要だと思います。少なくとも現場は助けを求めて来ているわけですから、ダメと言って切り捨てるのでは、二度と現場は相談には来ないと思うべきであり、そんな職能は役立たずだから要らないと言われることになると思います。また、このことは、「管理」目線が強くなると、陥りやすくなると思います。結局は、法務の提供価値（お役立ち）とは何かということにつながることだと思います。 ●先入観で物を見たり、知ったかぶりをしたりして、情報を遮断してしまうことも禁物だと思います。法務に関わる様々な業務において共通して重要なことの一つとして、事実を含む関連情報を可能な限り掌握した上で、分析、評価や判断を行うということがありますが、先入観があると、本来聞いておくべき情報を見逃したりしますし、専門職能としての変なプライドから、知ったかぶりをして、必要な情報を得るチャンスを逃すということもあります。
●リスクばかりのべて、ソリューションを提案しないこと ●クライアントの納期に間に合わせる努力をしないこと（依頼された仕事を放っておくこと）
●待ちの姿勢（消極的態度） ●自分の意見に固執すること（思い込み） ●業務範囲を絞り込むこと（成長阻害）
●相談者にとっての便法になるな 　適法性・適切性に疑問がある案件に対し、屁理屈をつけて正当化を助けること、これはやってはいけません。これでは、便利がられても、真に頼りにはされません。

No	法務担当者が持つべき重要な要素
	スにもとづいて議論することが必要です。他業務と異なり、この点、上司・部下、弁護士・非資格者に関係なく、対等です。 ●経営層から半歩離れた位置に立つ 私が入社２年目で法務１年目の時に、当時の法務部長から言われた言葉です。ぴったり付くのではなく、１歩以上離れるのでもなく、適度な距離感が重要です。
6	●高い倫理観・使命感 ●熱意と誠実さ ●誰に対しても公正公平な態度 ●現場現物主義 ●挑戦意欲をもち積極果敢に業務遂行すること ●企業の社会的責任を意識し、バランス感覚をもって業務にあたること ●法律に則りつつも、経営的な視点をもって業務にあたること
7	●①法律、②組織、③その会社、の３つ要素が必要 ①は、法律についての知識や実務経験。法務を担当する以上当然。 ②は、マネジメント力やリーダーシップ、コミュニケーション能力など、組織の一員として、チームワークで、成果を出す力。 ③は、勤める会社それ自体（ガバナンス・内部統制・意思決定の仕組み）やその事業についての理解。社内の人脈も。多くの場合、会社に入ってから身に着けるもの。 ①②③のバランスは、所属する会社や、各人のポジションによっても異なりますが、法務担当者には３つとも必要だと思っております。
8	●「法律を最も得意とする優れたビジネスパーソン」であるべき →加藤格「『法律を最も得意とする優れたビジネスパーソン』を目指して」（NBLNo.926　１頁　2010年４月１日　商事法務） ●「ビジネスに対する深い理解」、「広汎な知識と理解」、「探究心」、「コミュニケーション能力」 ●「次を想像」して、対策案を「創造」する →井上由理・加嶋良行・北島敬之「法務部長の悩み　これからの法務組織はどうあるべきか」NBLNo.951　15・16頁　2011年４月15日　商事法務） ●「論理的に整理する力」 ●文章力

法務担当者がやってはいけないこと
●「専門バカ法務」……現場が理解できない法律用語を振り回す。ビジネス感覚ゼロ。 ●「かまぼこ法務」……（かまぼこのように）常に机にかじりついて、受け身・待ちの姿勢。現場に足を運ばない。 ●「内弁慶法務」……社内に対しては強硬なのに、契約交渉など対外折衝には尻込み。 ●「無責任法務」……リスクの指摘ばかりで、責任ある意見を言わない。解決策を提示しない。
●「やってはいけないこと」というのとはちょっと違うかもしれませんが、契約マシーンになるな、です。
●「近寄りがたい専門家集団」、「孤高の集団」になってはいけない（井上ほか、左欄論考） 特に、法務になって慣れてきた３年目あたりが要注意で、専門用語をひけらかして相談者との間で優位に立とうとなりがちであることを肝に銘じる必要があります。

No	法務担当者が持つべき重要な要素
9	●コミュニケーション能力： あいまいな相談者の言葉を整理し、不足する情報を引き出す力。 様々な知見をもつ社内外の関係者や専門家から知見いただきまとめる力。 ●リスク感度： 状況からリスクシナリオを想定する力。 適切なリスクテイクを行うバランス感覚。
10	●普段から相談者のこと（本人の性格やビジネスの内容等）を把握し、身近な存在として相談していただけるようにする姿勢 私は、法務部員は「腕のいい町医者たれ」ということで、「ホーム（法務）ドクター」を標ぼうしています。 専門性に関しては、外部の法律事務所（大病院・専門病院の医師のイメージ）があり、相談のきっかけさえあれば、必要性を判断して、外部の法律事務所を活用することも可能です。気軽に相談してもらえるような存在であれば、問題の火種があっても早期に対応が可能です。 もっと早めに相談してくれたら何とかできたのにというのは、実は法務側に問題があることが多いのではないかと思ったりもしています。 ●「ゴール」をイメージし、相談者と共有するとともに、ゴールから逆算して考えること ゴール（契約書であれば現実的な合意内容であり、トラブルであれば解決内容）をイメージし、それを相談者と共有できれば、ゴールから逆算して対応を考えることができます。 方向性（ゴール）の認識が共有していれば、相談者とアイディアを出し合って、相談者も納得し易く効果的な法務サポートができます。 ●「法律ではこうなっています！」や「契約の修正案はこうなります！」といった杓子定規な相談対応をせずに、相談者に寄り添いつつ、ビジネスを前提とした常にベターな対応を心がける姿勢 法務部は、会社というチームの一員であり、その案件の当事者と言えます。この点で外部法律事務所との大きな違いがあります。当事者であれば、評論家的な対応は論外であり、常に自身も当事者となり、寄り添って何とかベターな解を見出せるように対応することが重要です。 例えば、契約書であれば、合意が不可能な修正案は、修正案とは言えず、「ない」に等しいものです。 違法なことは何があっても止める必要がありますが、そうでなければ、解は無数に存在しますから、常にそこからよりベターな解を見出していく必要があります。

法務担当者がやってはいけないこと

●法律解釈のみを行うこと
　ビジネスが目指すゴールを解決する姿勢が必要

●コンプライアンスに反する行為を許すこと
　例えコンフリクトが起こっても譲らない信念が必要

●現場との間に壁を作ってしまうような仕事の仕方をすること
　法務に聞いても分かってくれない、杓子定規な回答しかない、ビジネスのことを分かっていないといったことが代表的なことだと思いますが、こうなると法務への相談は手続き上必要だからとか、「最終は営業判断でしょ」といった法務見解の軽視につながり、法務部の存在意義が極めて低くなってしまいます。
　ホーム（法務）ドクターである以上、常に①相談し易い存在であること、②相談してよかったと思ってもらえる対応をすることを心掛け、壁を作らないことが重要です。

No	法務担当者が持つべき重要な要素
11	●深謀遠慮と胆力 目先の利益にとらわれずサステナブルな成長の視点で目の前にある問題解決の方策を見いだす姿勢と、それを粘り強く実現する行動と精神力。 ●透明性 経理のように縦横の計算が合わねばどこかが間違っていると言うものでなく、正解がない、もしくはいくつもあるのが法務の世界。適法を最低限の条件とした上でも現場及び将来にわたって何が最大公約数なのか、最善なのかは、自分の思考過程とその結論を、内環・外環の者に開陳し、適否・妥当性を検証せねばならない。 ●変化と対応 ダイバーシティーアンドインクルージョンと言い換えても良い。事業を取り巻く競争、規制、IT、その他諸々の環境変化を先取って（予感して）キャッチアップし、アドバイスに反映させ、どのように会社経営／事業に取り込むか。
12	●ビジネスセンス（会社の理念、経営計画、事業内容、実務の理解） ●質問力（潜在リスクの掘り起こし） ●主体性（事業戦略を理解して法務で伸ばすべきスキル・知識を先取りする）
13	●法務意見が反映されてますか 法務の意見を言いっぱなしで他人事に終わるのではなく、実際に意見が反映されているか最後まで事業を見届けろということです。実際にはこのフォローがなかなかできない。 ●会社への貢献を考え、実行していますか 組織改革、社内権限見直し、DXなどなんでも良いですが、法務の枠組みに囚われず会社に貢献できることを常に考える意識を持ちましょうという趣旨です。 ●プロフェショナルたる高度なスキルを備えていますか 法務のプロとして、「基本」、「基本の先の創造性」、「スキル涵養の自律性」を日頃から実践できていますか。
14	●バランス感覚 ●想像力 ●懐疑心

法務担当者がやってはいけないこと
●１人にならない 　法務の大半のクライアントである執行（経営、事業、それぞれの執行現場）は、皆、頭が良く、かつ、それぞれの執行プランの推進・実現に執念を燃やしている。法務アドバイスは必ずしも正解のないところ、自身のプランの実現のためにいろいろな（屁）理屈で議論を仕掛けて来る。正面から正々堂々とその議論に対峙するには法務部門の同僚や上司、ときには監査役等とも連携しないと、（屁）理屈に丸め込まれ、巻き込まれてしまう。社長と対峙する時には社外役員の活用も有用。 ●誰が究極のクライアントかを間違えないこと 　相談者ではなく、相談事の向こうにある究極のクライアントを見失わないようにしなければならない。例えば、営業の向こうにはお取引先と最終ユーザーが、社長の向こうには株主をはじめとする全てのステークホルダーがいる。 ●法務のマスターベーションにならないこと 　会社に対してでも社会に対してでも、法務の重要性を議論するときに法務担当者同士のマスターベーションにならないように、常に客観的な視点を持って議論をしてほしい。経理でも人事でも営業でもその他の全ての部署にそれぞれの重要性、価値があるという謙虚さを忘れずに。
●外部弁護士的な対応（実践的な対応策を示さない） ●事業部門の言いなりになること、言い分を鵜呑みにすること
●「あとはビジネスリスクで判断ください」は禁句 ●法務の視点だけで意見を伝え最終判断は事業側に責任転嫁。まだまだ法務の視点でしか考えない法律家を気取った人が多いです。取れるリスクまで分解して事業側に提案すべき。 ●徒にインパクトのみの議論に終始するな 　とかくリスクインパクトのみにフォーカスを当てて議論するが、リスクの発生する可能性とリスクに対する対応能力も合わせて検討するべき。
●迎合 ●文面審査（実態を聴取、調査しないでの回答） ●思い込み

No	法務担当者が持つべき重要な要素
15	●ビジネスのセンス すべては発生可能性×影響度の掛け算と、対応負担のバランス。 どんなトラブルが起こりえるか、現実的影響度や対応負担のバランスを想像する力です。 また、対応についても0か100かではない策を考えるにもビジネスセンスは必須と思います。 ●ふつうであること 特にコンプラや危機管理の時に、普通の人がどう思うかという視点があることが非常に重要です。ソーシャルメディアが発達し個が力を持つ中では、法的な理屈より普通の感覚の方が重要な局面は多いと思います。 ●物知りであること（世の中への興味があること） 法務の仕事はどちらかといえばリスクヘッジが中心です。 人的に起こるリスクは地震と違って起こるべくして起こることがほとんどで、これを想定するには、世の中のあらゆるものの「仕組み」を知っていることが重要だと思います。
16	●非管理部門への感謝 管理部門全般に言えることですが、技術、製造／サービス、営業があって初めて会社が成り立ちます。誰のおかげで法務部員の給料が出ているのか、そこはきちんと理解すべきだと思います。 ●現場と法務の両面に関する知見 法務審査・分析のスキルが高いことは必要ですが、現場に関する知見がなければ、効果的なアドバイス、ソリューションになかなかつながりません。 ●英語力（または中国語力）。 グローバル展開の対象がもっぱら中国に限られている会社であれば、中国語力でもよいと思います。
17	●ビジネスセンス、好奇心、自己啓発、リスクどんとこい！の姿勢
18	●企業の法務担当者である以上、最も重要なのは企業の経営状況と経営計画を理解しておくこと。 それによりリスクテイクの必要性や緊急度等、白黒だけではない「程度の問題とその必要性」を加味することが出来、生きたリーガルサービスが

法務担当者がやってはいけないこと

●何か言わなければいけないという先入観を捨てる
「問題ありません」という勇気。契約チェックでも、事業に関することでも、意見を求められれば何か言いたくなりますが、事業を前に進める上で、些末なことにこだわるのは自己満足でしかないかなと。

●根拠にこだわる
契約書の修正も、業務オペレーションへの意見もすべて、根拠にこだわること。
何となく相手の契約書を修正はしないし、文書を作るときはすべての文言・センテンスに意味がある、というくらいの気概が欲しい。

●事業部支援、というスタンス
無知な事業部を支援してあげる、というスタンスの人、結構いる気がします。同じ会社の会社員なのだから、自分も当事者ですし、何となく上から目線なようで、個人的に気になります。

●違法リスクを指摘しておいて、非現実的な真っ白な解決策以外に解決策を提示しない。
現場サイドも（本当に違法なら）違法行為は避けたいと考えている人がほとんどです。一緒になって解決策まで考えない法務担当者は何のためにいるのでしょうか。

●「それは法務部門の仕事ではない／判断することではない」を金科玉条とする。
確かにそのように言うことが適切な場面もあります。しかし、現場サイドが、法務の判断で次のアクションを決めることが相応しいと考えているにもかかわらず、そこから逃げるなら法務担当者は何のためにいるのでしょうか。

●現場サイドとの会議で法務調査結果発表会をする。
現場サイドは、何ができるのか、よくないのか、どんなオプションがあるのか、末端にゴーサインを出していいのか、それはなぜなのか、次のアクションを決めるための”端的な回答と理由”を求めています。法的にこのようにもあのようにも解されている、の議論は現場サイドには不要な情報です。色々と法務的な調査・検討をすることは大事ですし、複雑な論点に苦労する法務担当者の大変さもわかりますが、それを披露するのは控えましょう。

●机上の空論（論理に逃げ込むこと）

●相談を受けた内容に極めて直線的で理屈のみの回答を行うこと。
相談の背景情報やそれを聞いている本質的課題が何であるか、実行するメリットが何か、理屈と現実に乖離はないか等を一切無視して法的理屈のみの淡白な回答しか出来ない担当者は不要。

No	法務担当者が持つべき重要な要素
	可能となる為。 　その他には、極めて定性的ではあるが、先見性、決断力、論理的思考、一般通念やマジョリティ感覚は言うまでもなく必要な資質であると考える。
19	●森羅万象に多情多恨たれ（開高健の言葉です） ●考え抜くこと ●あきらめず、へこたれないこと
20	●個別の案件や部門・会社にとらわれ過ぎず、全グループ・全事業を見据えた全体最適な解を模索する姿勢 ●見栄えや聞こえのよさにとらわれず、自分なりの「本質的な正しさ」を追い求める姿勢 ●好奇心
21	●事実と実態をつかむ力 ●言葉とロジックに対する感度 ●コミュニケーション能力（相手に応じてわかりやすく伝える力・聞く力） ●好奇心（法務担当者に限らず、仕事を楽しむために重要）
22	●経営者視点 　自分のやっている仕事がどのように経営（財務数値・経営指標）や顧客に影響するかを常に考える。法律や契約に関すること＋αの視点が必要。法務担当者も経営に入っていかなければいけない。 　また、自社の製品・サービスについての知識やステークホルダーとの関係の全体もよく理解しておくことによりバランスの良い回答を導き出すことができる。 　経営を自分事として楽しむマインドが最も重要。 ●コミュニケーション能力 　事業部門や経営陣から情報を聞き出し、また、アドバイスを適切に伝える能力。弁護士等の専門家と同等のレベルで話ができる知識や話題も必要。更に、交渉の相手からも好かれるくらいの人間力があると良い。誰に対しても誠実かつ明るく接していきたい。 ●精神力・体力 　困難な案件に立ち向かい、その状況を楽しめる精神力があると強い。また、会社としてホワイトな労働環境であるべきだが、どうしても業務が立て込むことがあり、体力も重要である。精神力と体力があれば、業務に必

法務担当者がやってはいけないこと
できない相談であっても代替策の検討くらい当然に行えると思うし、リスクテイクに関与しない時点で対岸の火事を見ているだけの評論家である。 　その他には、スキルにしか関心がない担当者、パソコンとしか向き合えない現場に行かない担当者、お役立ちの精神なき担当者は不要ですかね。
●「これは法務の仕事ではありません。」 ●敬意を持たない態度 ●個人としての成長のみを考えること
●自分が正しいと思い込む ●「法務担当者は事業部門に対して常にアンチであるべき」と考える ●現場の話を聞かずに先入観・思い込みで物事を決める
●自分の見解に責任を持たない ●「リスクがあります」とだけ言って判断材料や代替案を示さない ●単なるコメンテーターになって、自ら動かない
●法律「だけ」の専門家・評論家 　会社で働いている以上、常に経営や顧客のことを考える必要がある。法律や契約のアドバイスをするだけなら、もっと知識のある外部の弁護士の先生方にアウトソーシングした方が良い。法律と経営をつなぐのが法務担当者の役目である。経営者・事業部門と一緒に答えを出していこう。 ●上から目線な態度 　法律や契約のことをちょっと詳しく知っているくらいで専門家面するのは愚の骨頂である。常に社内顧客の立場に立って、関係者に誠実かつ丁寧に接しなければならない。 ●知識を磨かない 　法律の知識も経営の知識も自社製品・サービスの知識も雑学の知識も常に磨き続けないと、世の中で通用しなくなってしまう。常に学び続ける姿勢が必要。

No	法務担当者が持つべき重要な要素
	要な知識もおのずと身についてくる。
23	●結論を出す勇気 検討結果（選択肢）を並列で示すのではなく、１つの方向性を示す。法務部員である前に所属企業の従業員なので、所属企業にとってのベストな解を具体的な提案に落とし込む。スタンドでヤジを飛ばす法務部員であってはならない。グランドで一緒に戦い、責任を取る法務部員であるべき。 ●コンフォートゾーンを飛び出す好奇心 机に座っていてもやることはたくさんある法務部員。でも世の中はドラスティックに変化し、法務部員の活躍する場所は静かに広がっている。自分が知らない法分野、ビジネスに関心を払い、席を立って積極的に新しい情報を吸収しないと時代遅れの法務部員になる。
24	●自社事業の深い理解 いわばホームドクターみたいなものであり、自分の患者の様子は外部専門家よりも深く理解しておくことが必要。
25	●法律のプロであり最後の砦であるという意識を持つ 相談者は何かに困って法務に来る。解決策を見いだせなければ行き詰まる。そこに思いを至らせずに、過去の経験則に基づく先入観や「たぶんこうだろう」という憶測を交え、知ったかぶりして判断していないか。 法務は、その会社における法律のプロであり、最後の砦である。相談者の“思い”や“悩み”を受け止め、解決の糸口を見いだすために徹底的に調べ、最大限できる方法を相談者と一緒に考える。それが法務の役割である。 ●人の話を聞くことを大切にする 法務の仕事は、相談者の話を聞くことから始まる。話を聞いて、事実を整理する。その上で法的な検討を行うことになる。 実は、人の話を聞くことは難しい。話が理路整然としていないと「何を言っているのか」とイライラしてくる。しかし、相談者の話をじっくり聞くことで、相談者は法務を信頼するようになる。相談者と一緒に事実を整理することで、縺れた糸がほぐれる。問題解決の道筋が見えることもある。人の話をじっくり聞くことは非常に重要である。 ●相談者をリスペクトする 法務部門は、「本社部門」というカテゴリーに分類されるからなのか、会社のビルの上層階にあるからなのか、どこか上から目線である。上から目線の意識は、無意識のうちに表情や口調に表れる。だから、法務部門は

法務担当者がやってはいけないこと

●自分の仕事に枠を決める

株式、輸出管理、リスク管理、コンプライアンス……法務のような業務だけど法務部ではない組織が扱う業務はたくさん。身に降りかかった仕事を他部門の仕事として押し付けてはいけない。自分の家の前を掃除するだけでなく、向こう正面、両隣の前まで掃除する心意気とご近所づきあいが大事。

●正確さを期すぎる

何かを説明するとき、正確に説明し過ぎると何も伝わらない。条件、例外、但書を漏れなく説明すると原則は埋没する。法務部員のプレゼン資料は文字だらけ。伝えるべきことを伝えるという目的を達成するため、ある程度正確さを捨てる必要がある。捨ててはいけないものと、捨ててよいものを見極める目利きが大事。

●意思決定または意思決定の支援をしないこと

「これはリスクがありますね。」といったアドバイスは度々目にするが、そのリスクが許容可能なものなのか、許容できるようにマネージする手段があるのか、まで踏み込んでアドバイスせず、単に上記のようなアドバイスをして、「自分の仕事は終わった」とするようなこと。

●法律のプロであり最後の砦であるという意識を持たない

困って相談に来た人に対して、先入観に基づく判断、憶測を交えた見解、知ったかぶり。多くの法務担当者は思い当たる筈。無責任である。多くの会社では、法務の見解は絶対的に正しいものとして受け止められる。法務は法律のプロであり最後の砦、この意識を持たず、無責任なことをしてはいけない。

●人の話を聞かない

人は必ずしも理路整然と話せるわけではない。それなのに、相談者の話が理路整然としていないと、イライラして話を遮り、「要するにこういうことですか？」などと勝手に話を先取りして、結論を言う。これをやってはいけない。重要な事実を聞き漏らし、信頼も失う。問題解決の道筋も見えてこない。

●相談者をリスペクトしない

「なぜこんなことしたんだ？」「全然分かっていない」　相談を受けた後、法務内部でこんな会話をしていないか。事業部門は、常に法的視点を持って行動するわけではない。法務から見て適切でないとしても、事業部門の行動には、物を売るため・作るための合理性がある。それを理解せず、相談者を陰で嘲り批判する。これをやってはいけない。

No	法務担当者が持つべき重要な要素
	近寄り難い存在だと思われがちである。 営業の人は営業のプロ、工場の人は製造のプロ、それらの領域において法務は素人である。会社は役割分担であり、本社部門が上、事業部門が下、ということはない。お互いにリスペクトすることが重要である。それが信頼関係を醸成し、良いアウトプットを生み、法務の存在意義を高めることに繋がる。
26	「法令解釈と裁判例ではうんぬんかんぬんと回答するのが法務担当者」という時代はとうに去り、いまの時代は、これらを踏まえたうえでの「コンサルテーション能力」こそが求められる時代という前提に立ち， ●傾聴力＝判断するにあたり必要な事項を，クライアント（この場合の「クライアント」とは、社内の各部署のメンバー）の気持ちを害することなく必要な範囲で漏れなく聞き出す力 ●提案力＝法令、ガイドライン、裁判例、行政処分例、業界特有の商慣習等に鑑みて、妥当な解決策を示す力 ●インテグリティ＝integrity：「誠実」「真摯」「高潔」などの概念を意味する言葉であり、上記と2つのバランスを取るための力 の3点（＝これらはコンサルタントに求められる能力でもあります。）と考えます。
27	●経営層・事業担当に伴走できるマインド 我々はサラリーマンであるため、役割があり、求められることがある。故に法務はビジネスに道標を付すことができると考えており、そのためには、優秀なサポートとマインドセットが大切である。 ●自社事業における周辺学を学ぶ意欲 求められる回答に対してその上をいくことが必要であることから、自社には当然精通した物差しがあることと共に、周辺学を会得し日々アップデートすることで、事業担当の絵図をブラッシュアップすることができる。 ●黄色信号を青信号に寄せることのできる思考力 赤信号（法令違反・ガイドライン違反等）はもっての外であるが、黄色信号（解釈の変更等）を青信号に寄せることで、ビジネスの幅・選択肢を付与することができ、経営に最適な情報の提供が叶う。

法務担当者がやってはいけないこと

●責任転嫁

「だから言ったじゃないか，それみたことか」というのは、法務担当者として愚の骨頂（経営感覚を少しでも持っていれば、このことが、ディールブレイクによる機会損失や賠償というかたちで経営数字に表れることは理解できるはず）。

社員間に法務力が浸透し、レベルが上がってくると、法務担当者に相談することのほとんどは、判断の難しいグレーゾーン。時には清水の舞台から一緒に飛び降りる覚悟も必要。

●形式面への固執と過度の要求

リーガルチェック等の予防法務においてこの姿勢は最悪。契約の中身に鑑みて、押えるべきポイントが理解できていない担当者ほど、形式面へのこだわりと過度の要求をする傾向がある。契約の締結は、互いの企業が取引のスタートラインに立った段階に過ぎず、こだわりすぎると「木を見て森を見ず」な内容となってしまう。ディールはそれ以降も続くのでウインウインの関係が原則。

●知見の囲い込み

ナレッジマネジメントこそ、法務担当者のレベルアップの源泉。「若手に知見を共有すると自身が抜かれる」と危惧し、組織のヒエラルキーにしがみつく人が多いが、実力のある人は、共有した知見のさらに２歩も３歩も先の新たなる知見を常に得ている。

●No, Becauseの姿勢

法務担当者は会社の門番であるが故に、事業担当者はそのハードルを越えなければならない。この姿勢は一見毅然とした立振舞いにも捉えることができるが、共にそのハードルを越えるための姿勢としては最適なものではない。

●他人事と捉えること

自部署の主業務ではない法務担当者は、会社の全業務をサポートする必要があることから、全て自分事であり、自らが事業担当者であった場合の想定を常に行い、どの様な策が適正であるかを討議・自問自答することが必要である。

●法律オタクであること

法務担当者が実務法律家と言われ、自社メンバーから求められるロールモデルとなるには、頭でっかちの法律オタクになってはならない。日頃より、会社を想い、事業を考察し従業員へ向き合う姿勢が求められる。

No	法務担当者が持つべき重要な要素
28	●事業部と一緒に考える姿勢（自分は安全地帯にいて評論家になってはいけない） ●事業部門に騙されない程度に事業の現場を興味を持って理解すること ●一線を越えている場合は身を張って止める事 ●言語を含む国際感覚（グローバルに事業展開している場合）
29	●聞く姿勢（情報を引き出すスキル） ●伝わる言葉で話す（専門用語を多用しない）
30	●経営および事業サイドに対して影響力を発揮し、時には適切なリスクテイクを促し、必要であればNoと言い制止することができること、またはそうしようとする姿勢 ●事業側と共に解決策や代替策を探る姿勢 ●常にアンテナをはってリスクを察知し、早期に対策立案にまで導くことができるスキル ●有事にはリーダーシップを発揮し、会社の痛みを最小限に抑える方向に導くことができるスキル

法務担当者がやってはいけないこと
●判断やアクションを棚上げすること（後日大きな問題となり得る） ●事業部門が法律・契約に無知であるといった態度をとること（法務は何もえらくない。信頼と尊敬を失います） ●取り得るオプションすべてに何らかのリスクがある場合に、すべてダメといった態度や回答を行うこと（相談に来なくなります。クリティカルではない場合は、リスクレベルを示してビジネスジャッジができることを明確にする必要があります）
●依頼者（事業部など）を責める、敵対する ●先入観で物事を判断する
●単なる評論家・専門家になること（これは弁護士でもできてしまう） ●事業サイドをビジネスパートナーとして捉えない発言や考え（こちらのほうが専門性などが高いが故に高圧的、または見下したような態度になりがち） ●問題発生時に対処療法や場当たり的対応に終始すること

あとがき

“法律論ばかり言う、いわゆる「法務屋」を日本からなくしたい”という私の強い想いを本書に込めました。法務担当者は総じて優秀です。考え方や力の入れどころを少し変えるだけで、法務屋から脱却し、経営にインフルエンスを与えることができると思っています。

ただ、本書の内容を顧みて、あらためて自分のことを棚に上げた内容が多く、汗顔の至りです。しかしながら、いつも本書で書いたことを意識し、目指しながら働いてきたことも事実です。少しでも読者に響き、行動を変えるきっかけになれば、こんなに嬉しいことはありません。

本書内でも触れましたが、願わくは、**１週間後でも１か月後でもよいので、本書を再読いただくことを強くおすすめします**。本書で書いたことはハードルが高いものも多く、一度読んだだけではモチベーションを保つことが難しいからです。何度も読み返すことによって防ぐことができます。

また、本書をお読みいただいて参考になった点や異論・反論等があれば、奥付に掲げたメールアドレスまでご連絡ください（可能な限り返信いたします）。

私は、法務がインフルエンスを与えていることを計る目安というものを持っています。

法務部門の目安としては、社長が事業部に「この案件は法務に相談したか」と頻繁に言ってくれることであり、事業部からは「うちの法務が言うから間違いない」「うちの法務は頼りになる」という言葉が出てくることです。

そして、**法務担当者としては「自分は納得していないけれど、あなたがそこまで言うなら納得できないが従う」と言わせることだと思っています。人は理屈やロジックだけでは動きません。コミュニケーション力や現場からの信頼ひいては法務担当者の全人格を通じてインフルエンスを与えなければならないと思っています。私は、ずっとこの発言を勝ち取りたいと思っていましたし、今でもそう思っています。**

以下、本書に関連してお世話になった方へのSpecial Thanksです。

本書の企画は、株式会社商事法務主催のビジネス・ロー・スクール講座「経営にインフルエンスを与える法務になろう」がベースになっています。当時セミナー部門の責任者であった浅沼亨氏（現・コンテンツ制作部長）から、法務部門以外の部門の視点で、あるべき法務について話してくれないかという依頼から始まっています。そして浅沼氏が書籍部門の責任者になり、書籍化の話までいただくことになりました。これまで法律関連雑誌や書籍等にしばしば論稿を書くことはありましたが、今回は初めての単著となります。このような機会を与えてくださった浅沼氏、セミナーの準備段階で多大な貢献をいただいた西巻絢子氏（現・公益社団法人商事法務研究会経営法友会事務局）には感謝の言葉しかありません。

また、私は小学生の頃から作文を書くことが大の苦手で、何時間経っても作文用紙に３行書くのが精一杯でした。この傾向は社会人になっても抜けなかったのですが、小松俊氏（元・旬刊商事法務編集長。現・一般社団法人日本コンプライアンス＆ガバナンス研究所)、本間聡氏（前・旬刊商事法務編集長。現・株式会社商事法務教育事業部長）の両氏から、論稿や鼎談の依頼を受けるうちに徐々に苦手意識がなくなり、作文アレルギーから解放されるきっかけとなりました。

さらに、倉橋雄作弁護士、山内洋嗣弁護士、少徳彩子様（パナソニックホールディングス株式会社)、明司雅宏様（サントリーホールディングス株式会社）には、本書の内容に厚みを持たせたいという私の勝手な思いから座談会のお願いをさせていただき、皆さまから即座に快諾をいただきました。内容はご覧になったとおりであり、第一線で活躍されている方とのお話は、私にとっての「壁打ち」ともなりました。まさに本書に厚みを持たせ、彩りを持たせることになりました。

そして、私が信頼する弁護士30名、法務マネージャー30名の皆さまには、「法務担当者として持つべき要素や姿勢」と「法務担当者がやってはいけないこと」について回答をいただきました。これまで自分が気づかなかったもの、気づいていても違った角度から言語化される等、読んでいて自分が一番勉強になったと思っています。多忙な中、本当にありがとうございました。

最後に……、私は34歳の時に法務担当者として現在の会社に入社しました。それまで企業法務の経験がなかったので、不安の中でのスタートとなりましたが、会う人会う人すべてが親切であり、杞憂となりました。また、私は生来生意気な性格で、目上の人にも会議等で直言することが多かったのですが、経営陣を含め諸先輩方はそれを寛容に受け入れてくださいました（まさに試合が終わればノーサイドといった感じ）。

この会社でなければ、私は力を発揮することができず、今の自分はなかったと強く思っています。

一緒に働いてきた小林製薬株式会社の皆さんに、この場を借りて感謝申し上げます。

〔著者紹介〕
木村　孝行（きむら・たかゆき）

1994年関西学院大学社会学部卒業。証券会社、法律事務所勤務を経て、2004年小林製薬株式会社入社。法務、経営企画、広報、IR等のマネジメントを経験し、現在は同社総務部長。現在、株主総会・取締役会の事務局、コーポレートガバナンス・コード対応、株式実務、規程管理、コンプライアンス、国内外の子会社管理等を担当。2002年司法書士試験合格、経営法友会大阪部会運営委員（2008年〜2013年、2014年〜2017年、2022年〜現在）、日本組織内司法書士協会顧問（2019年〜現在）。

主な著書・論文等

「PDCAサイクルで捉えるコンプライアンス・アンケート実施の全体像」ビジネス法務22巻１号（2022年）、「コーポレートガバナンス・コード対応の３つのポイント」企業会計73巻４号（2021年）、「＜鼎談＞企業法務の視点――2017年第１四半期の話題」旬刊商事法務2137号（2017年）、「＜鼎談＞企業法務の視点――2017年第２四半期の話題」旬刊商事法務2145号（2017年）、「役員研修の現状と実効性あるプログラム策定に向けた取組み――経営法友会『役員研修用資料』作成活動等を踏まえて」旬刊商事法務2074号（2015年）、『取締役ガイドブック〔全訂版〕・〔全訂第３版〕』（共著、商事法務、2006年・2015年）、『監査役ガイドブック〔全訂版〕・〔全訂第３版〕』（共著、商事法務、2006年・2015年）、『内部統制システム構築・運用ガイドブック』（共著、商事法務、2007年）、『新・企業活動の法律知識』（共著、経営法友会会員企業限り、2005年）
（連絡先）tkkkakmm@outlook.jp

経営にインフルエンスを与える法務になろう

2024年３月９日　初版第１刷発行

著　　者　木 村 孝 行

発 行 者　石 川 雅 規

発 行 所　㍿ 商 事 法 務

〒103-0027 東京都中央区日本橋3-6-2
TEL 03-6262-6756・FAX 03-6262-6804〔営業〕
TEL 03-6262-6769〔編集〕
https://www.shojihomu.co.jp/

落丁・乱丁本はお取り替えいたします。　印刷／そうめいコミュニケーションプリンティング

Printed in Japan

Shojihomu Co., Ltd.

ISBN978-4-7857-3089-5
＊定価はカバーに表示してあります。